Martin Strobel – Höhepunkt am Tiefpunkt

Martin Strobel

Höhepunkt am Tiefpunkt

Extreme erleben und Chancen ergreifen

Bibliografische Information der Deutschen Nationalbibliothek
Die Deutsche Bibliothek verzeichnet diese Publikation in der Deutschen Nationalbibliografie;
detaillierte bibliografische Daten sind im Internet über <http://dnb.ddb.de> abrufbar.

Alle Rechte vorbehalten
1. Auflage 2020
© Martin Strobel

Lektorat und Projektmanagement: manuskriptwerkstatt Susanne Schimmer
Layout und Satz: Manfred Friebe
Korrektorat: Annette Schwarz
Druck: Druckerei Hohl GmbH & Co. KG, Balgheim
Umschlaggestaltung: teufels GmbH, Rottweil
Coverfoto: imago images/MIS (vorne) und Nino Strauch (hinten)

ISBN 978-3-96698-670-0

Dieses Buch widme ich meiner ganzen Familie.

Vor allem meiner Frau und meinen beiden Söhnen. Ihr habt mich auf meinem Weg begleitet und unterstützt, habt mitgelitten und mitgefeiert.

Besonders danken möchte ich meiner Mutter und meinem Vater. Ohne Euch wäre diese Geschichte und somit dieses Buch nie entstanden.

Inhalt

Vorwort

Als ich diese ersten Zeilen schreibe, ist es gerade 4:38 Uhr. Ich liege allein in einer Klinik im schwäbischen Städtchen Markgröningen: eine Spezialklinik für Sportorthopädie, in meinem Fall für mein Knie. Noch vor zwei Tagen sah die Welt ganz anders aus.

Bei der Handballweltmeisterschaft 2019 im eigenen Land jubelten der Mannschaft und mir in der Kölner LANXESS-Arena 19.500 Zuschauer zu und unterstützten uns mit dem Hit „Chöre" von Mark Forster. Es schallte: „… und die Chöre singen für Dich, Oooh Oh Oh Oh Oooh" durch die Arena. Ein unbeschreibliches Gefühl für einen Leistungssportler.

Doch der Sport kann eben auch brutal sein, und somit liege ich jetzt hier, während meine Mannschaftskollegen sich weiter von Spiel zu Spiel kämpfen, um ins Endspiel zu gelangen …

Zu diesem Zeitpunkt bin ich 32 Jahre alt und habe fast mein ganzes Leben der Sportart Handball gewidmet. In dieser Zeit habe ich viele Erfahrungen und Eindrücke aus 17 Jahren Profisport, vor allem Mannschaftssport, erlebt, gespürt und gesammelt. Es ist ein Privileg, in einem Leben sein Hobby und seine Leidenschaft als Beruf ausüben zu dürfen. Dafür muss man allerdings sehr hart arbeiten und ungezählte Stunden in Trainingseinheiten investieren. Dies ist noch lange keine Garantie für Erfolg, schlimmer noch: Dieser kann sogar ausbleiben.

Ich war stets sehr ambitioniert in meinem Tun. Trotzdem hat es nicht immer für Erfolge gereicht. Diese Erfahrung machen viele Athleten und Mannschaften und kämpfen trotzdem bis zu ihrem Leistungsmaximum weiter.

Vollkommen unabhängig von meiner Knieverletzung wollte ich ein Buch verfassen, um meine Erfahrungen weiterzugeben. Das Leben von Athleten kann sehr unterschiedlich sein. Was die meisten vereint, ist das harte tagtägliche Training für den Erfolg. Dies kann Jahr für Jahr zum Gewinn von Titeln und Meisterschaften führen, es bedeutet, sich Woche für Woche mit den Besten zu messen, aber auch ständigen Kampf ums Überleben. Als Mannschaftsspieler habe ich es genossen, gemeinsam für eine Sache zu kämpfen und mich darauf vorzubereiten. Denn nichts ist schöner, als einen Erfolg mit anderen zu teilen.

Nach meiner Verletzung war ich gezwungen, längere Zeit im Liegen zu verbringen. Deswegen beschloss ich, diesen Moment und die Chance zu nutzen, um über die beeindruckende Zeit der Handballweltmeisterschaft 2019, aber schließlich auch über die Erfahrungen und Erlebnisse, die mich dorthin gebracht haben, zu schreiben.

Vor allem ging es mir darum, meine Erkenntnisse so zu teilen und zu übermitteln, dass jeder etwas für sich und sein Leben mitnehmen kann.

Beim Schreiben des Manuskripts und in der Zusammenarbeit mit meiner Lektorin sind dabei immer wieder Fragen entstanden, die manche Themen noch einmal stärker durchleuchteten. Wir hatten die Idee, diese Fragen und Themen in das Buch zu integrieren, um somit ein tieferes Verständnis herzustellen und den Menschen etwas weitergeben zu können.

Als Teamplayer zeichnet einen genau das aus: mit seiner Person, seinem Charakter, seinen Gedanken und seiner Leistung dazu beizutragen, dass alles um einen herum davon profitiert und besser wird.

Talent sein

1

„Erfolg hat nur, wer etwas tut,
während er auf den Erfolg wartet."

Thomas Alva Edison

Als drittes Kind wurde ich in einem Teilort von Rottweil (Baden-Württemberg) geboren. Meine Familie ist allerdings durchaus noch größer: Neben meinen beiden leiblichen Geschwistern, Stefanie und Wolfgang, darf ich mich glücklich schätzen, noch zwei Halbbrüder, Matthias und Jochen, zu haben. Für mich sind es Brüder. Sie sind deutlich älter als ich, waren für mich aber immer sehr präsent. Sie wohnten im selben Ort, wir sahen uns fast täglich, und sie gingen bei uns ein und aus. Immer stand ich in enger Beziehung zu ihnen. Gefühlt bin ich in einem kleinen Dorf und in einer großen Familie aufgewachsen. Beides ist mir wertvoll.

Das Leben auf dem Dorf hat meinen Charakter stark geprägt. Zahlreiche soziale Kontakte haben dazu beigetragen, dass ich mich immer als Teil einer Gemeinschaft innerhalb der Familie, des Bekannten- und Freundeskreises erlebt habe. Mein soziales Umfeld war intakt und stabil.

Aus meiner Erfahrung ist das Sozialleben im ländlichen Umfeld ein wichtiger Punkt. Jeder weiß viel über jeden. Damit wachsen wir auf und gehen wir um. Es gibt uns eine Basis für das eigene Leben. Heute, nachdem ich wieder in die Heimat zurückgekehrt bin, sehe ich es immer noch ähnlich. Vielleicht nicht ganz wie damals, weil sich die Welt weitergedreht hat und die sozialen Medien das Ihre beigetragen haben, aber ansonsten sind die Strukturen gleich geblieben.

Auch in Hinblick auf meine Kinder finde ich das sehr gut. Es gibt Vereine, Vereinsarbeit, ehrenamtliche Tätigkeiten, die viel Gutes in der Art und Weise bewirken, wie wir miteinander umgehen. All das sind Dinge, aus denen man fürs ganze Leben lernen kann.

Wie alles begann

Die Sportart Handball habe ich mir nur bedingt ausgesucht. In unserem 1000-Seelen-Dorf namens Hausen gab es lediglich einen Sportverein und dort im Prinzip nur eine einzige Sportabteilung – nämlich Handball. Warum das so war und immer noch so ist? Darüber habe ich mir nie Gedanken gemacht. Für mich ein Glücksfall!

Alle meine Geschwister spielten natürlich Handball. Wie könnte es anders sein! Noch bevor ich selbst damit begann, konnte ich mir immer deren Spiele anschauen. Ich wuchs durch meine Geschwister mit der Faszination für diese Sportart auf. Sie war mir immer vor Augen, ich beobachtete Schrittfolgen und Bewegungen. Ich tauchte ein in die Welt von Willen, Anstrengung, Leistung und Erfolg.

> *„In unserem Dorf gab es nur einen einzigen Sportverein: Handball. Für mich ein Glücksfall!"*

Wenn ich zurückdenke, wann genau ich mich als Kind zuerst mit einem Ball vertraut gemacht habe, ist die Erinnerung verblasst. Wir haben zu Hause einfach sehr viel Sport getrieben. Natürlich war dort oft auch ein Ball im Spiel. Vielleicht sogar eher zum Kicken mit anderen. Allerdings ging ich schon mit vier Jahren ins Mini-Handball und tauchte sacht in die Handballwelt ein. Eine sehr deutliche Erinnerung habe ich daran, wie ich gelernt habe, den Ball zu fangen. Ich sehe den Trainer praktisch vor mir: Er zeigte mir die Handhaltung, um den Ball optimal aufzunehmen. Vielleicht war das der Punkt, der zuerst ganz klar mit Handball zu tun hatte.

Mein drei Jahre älterer Bruder Wolfgang entwickelte sich schnell zu einem guten Spieler und Talent. Da er sowohl in seiner Klasse als auch in seiner Mannschaft mindestens einen Kopf größer war als alle anderen, brachte er Topvoraussetzungen mit. Er entwickelte sich so gut, dass er für verschiedene Auswahlmannschaften spielte. Und genau damit begann meine Karriere.

„Mein älterer Bruder war mein größtes Vorbild."

Wenn es ein Vorbild in jungen Jahren gab, das mich angetrieben hat, dann war er es. Ich wollte immer mindestens genauso gut sein wie er und vor allem dieselben Dinge erleben. Anscheinend entwickelte ich ein ähnliches Talent wie er. Im Alter zwischen 12 und 13 Jahren sagten bereits einige, dass ich noch besser als mein Bruder sei und noch mehr Talent hätte. Diese Worte gingen an mir vorüber. Ich schaute nach wie vor zu ihm auf.

Vorbild

Du berichtest, dass dein Bruder über viele Jahre hinweg dein Vorbild war. Das interessiert mich. Wie hast du es erlebt, einem Vorbild nachzueifern? Welche Bedeutung hatte in jungen Jahren dieses Vorbild für dich?

Unter Vorbild verstehe ich nicht, dass ich Fan eines Idols bin, das ich mir als Poster an die Wand klebe. Ein Vorbild ist für mich tatsächlich die Vorstellung eines Bildes. Damit meine ich, dass ich mir überlegt habe, wie der Mensch wohl dahin gekommen ist, wo er jetzt steht. Wie hat er es erreicht? Was hat er dafür eingesetzt? Welche Leistung hat er erbracht? Wie hat er sich durchgebissen? Wie ist er mit Frustphasen umgegangen und wie mit Erfolg? Wie hat er sich als Einzelner in den Dienst der Mannschaft gestellt?

> Ich habe ihn beobachtet und habe versucht, dem nachzustreben. Das hat mir Energie gegeben und mich motiviert. Es war wie eine Art gesunder und kameradschaftlicher Wettkampf.
>
> Kurz gesagt: Ein Vorbild ist für mich nicht, ein zu bewunderndes Idol anzuschauen, sondern mich anregen und beflügeln zu lassen, mir Ansporn und Mut zu holen, mich mitreißen zu lassen und mein eigenes Potenzial zu erkunden.

So entwickelte ich mich immer weiter und hatte auch ein bisschen Glück, dass sich ca. 25 km von meiner Heimatstadt entfernt die beiden Vereine TV Weilstetten und die TSG Balingen zu einer Mannschaft zusammenschlossen und anstrebten, in die 2. Handballbundesliga aufzusteigen. Als junger Spieler wollte ich unbedingt dort spielen. Mein Bruder hatte diesen Schritt schon vollzogen. So war es für mich nur die logische Folge, das Angebot des Vereins anzunehmen.

Ich wechselte nach Balingen und bekam tatsächlich die Chance, nach dem Aufstieg als 17-Jähriger in der 2. Handballbundesliga zu spielen. Der Weg ging also immer weiter aufwärts. Zu diesem Zeitpunkt hatte ich bereits einige Länderspiele für die Jugendnationalmannschaft absolviert. Der Weg in den Leistungssport war eingeschlagen.

Leistungssport

Beim Blick auf das Thema Leistungssport ahne ich, dass es einerseits mit Ehrgeiz, Willen zur Leistung, aber auch mit Verzicht und Disziplin zu tun hat. Wie hast du diesen Übergang zum Leistungssport erlebt?

Wie bei jedem Sportler war auch meine Situation hier sehr individuell. Mit dem Vorbild des älteren Bruders vor Augen war ich vom festen Willen getrieben, auf meinem sportlichen Weg stetig voranzuschreiten. Ich lebte das, was mir Spaß machte. Mehr wollte ich nicht.

Natürlich brachte der Leistungssport viel Verzicht mit sich. Was mich vor allem schmerzte, waren die Einschränkungen bei vielen Aktivitäten zusammen mit

> Freunden. Oft fanden die Wettkämpfe am Wochenende statt, und natürlich überschnitten sie sich mit Geburtstagsfeiern im Freundeskreis. Die anderen fuhren zum Sommerlager der katholischen Jugend oder auf Abschlussfahrten der Schule. Ich hätte auch gerne teilgenommen, es war aber durch den Trainingsplan schlichtweg unmöglich.
>
> Freundschaften außerhalb des sportlichen Umfelds zu bewahren, ist nicht ganz einfach. Ausgeschlossen ist es aber keineswegs. Über die Dauer der Zeit kristallisieren sich die wahren Freunde deutlich heraus.

Leistungssport bedeutet auch viel Zeit auf der Straße. Ohne die Unterstützung meiner Eltern wäre ich niemals so weit gekommen. Sie haben unzählige Kilometer hinter sich gebracht, um mir Lehrgänge und Trainingseinheiten zu ermöglichen. Damit meine ich nicht, dass sie mich aktiv in diesen Bereich gedrängt haben. Vielmehr sahen sie, denke ich, mit wie viel Leidenschaft und Spaß wir diesen Sport ausübten, und das war für sie Grund genug. Sie haben uns alle immer in allem unterstützt. Dafür bin ich sehr dankbar.

Wenn ich ausrechnen sollte, wie viele Kilometer sie auf sich genommen haben, um uns zum Training oder zu Wettkampfstätten zu bringen, käme ich auf eine riesige Anzahl. Sie hätten wohl mehrmals um die Welt reisen können. Unbeirrt haben sie uns gefahren. Nicht nur im Sommer, sondern auch bei schlechten Straßenverhältnissen, Dunkelheit, Nässe und Schnee im Winter. Sie haben uns zu Sichtungen, Trainingseinheiten und Lehrgängen gebracht.

Wenn ich heute im Erwachsenenalter bedenke, wie viele Stunden sie eingesetzt haben, bin ich sprachlos. Worte sind hier unzureichend. Ihre praktisch ausgeübte Zuwendung war es, die uns unseren Weg gehen ließ.

Der Traum wurde wahr

Der Weg nach oben führte weiter und weiter. So feierten wir schließlich mit dem HBW Balingen-Weilstetten in der Saison 2005/2006 den Aufstieg in die 1. Handballbundesliga. Ein Traum wurde wahr. Nun ging es gegen die Spieler, die man sonst nur aus dem Fernsehen kannte. Sich auf diesem Niveau zu behaupten, war eine Herausforderung, die ich selbst und wir als Team gerne annahmen.

Mit dem Aufstieg in die 1. Handballbundesliga hatte das Jahr 2006 den ersten Höhepunkt erreicht. Diesen feierten wir als Mannschaft mit dem ganzen Verein und allen Fans. Es gab eine große Feier auf dem Marktplatz, die für mich unvergessen bleibt.

Jedoch blieb nicht viel Zeit für ausgedehnte Feste. Direkt im Anschluss an die Saison stand die Europameisterschaft der U21-Nationalmannschaft in Innsbruck an. Wir waren eine gute Mannschaft mit talentierten Spielern und einem versierten Trainerteam. Wir alle hatten einen großen Traum und wollten unser jahrelanges Training während all den Lehrgängen endlich belohnen. Als wir nach guten zehn Tagen am Ende des Turniers auf dem obersten Treppchen standen und den Pokal in die Höhe streckten, waren wir an unserem Ziel angekommen: Europameister! Es machte Lust auf mehr.

Nach dem Aufstieg kam es also zum nächsten Höhepunkt im Jahr 2006. Aus dieser Zeit habe ich viel für meine spätere Karriere mitgenommen.

Wolfgang Sommerfeld, mein langjähriger Bundestrainer im Jugend- und Juniorenbereich, kannte uns Spieler sehr genau und wusste, wen er wie in bestimmten Bereichen fördern wollte. Im Prinzip war ihm die Entwicklung als Persönlichkeit mindestens genauso wichtig wie die sportliche Entfaltung. Er sprach viel mit den Spielern und ging in Einzelgesprächen immer wieder tiefgründig auf sie ein. Rückblickend betrachtet kam ich in meiner

Zeit bei der Jugend- und Juniorennationalmannschaft zum ersten Mal direkt mit den Themen mentales Coaching, mentale Stärke und Haltung in Berührung.

Es folgten nun immer mehr Berührungspunkte mit dieser Materie. Nach dem Aufstieg und dem Titel mit der U21-Nationalmannschaft, verbunden mit eigenen guten Leistungen, machte ich mich für andere Vereine, aber auch für Spielerberater interessant. Ich hatte einige Anfragen von Agenturen und wollte mich für die Zukunft professionell aufstellen. Ich entschied mich für Frank Schoppe, ebenfalls ein ehemaliger Handballspieler, der aufgrund einer Verletzung seine Karriere schon vorzeitig beenden musste.

Bei Frank stand immer der komplette Spieler im Vordergrund und nicht nur das Vertragliche. Das gefiel mir. Er wollte seine Spieler selbst besser machen und unterstützte diese in vielen Bereichen. Dies galt auch für die persönliche Entwicklung. Diese Ratschläge und Unterstützung waren eine Art externes Coaching. Es half mir in bestimmten Phasen meiner Karriere.

Diese Inputs, die ich von den beiden erhielt, waren sehr wertvoll. Sie gaben mir eine Richtung. Ich erkannte, dass der mentale Bereich für eine erfolgreiche Zukunft wichtig war. Allerdings arbeiteten wir nicht so intensiv und regelmäßig an diesem Thema, wie ich es später in meiner Karriere getan habe.

Aufstieg in die 1. Handballbundesliga

1. Handballbundesliga – auch aus der Ferne lässt sich nachvollziehen, was das für euch bedeutet haben mag. Angesichts der Herausforderung treten damit Themen wie Mut, Kompetenzgefühl, vielleicht auch Zweifel auf den Plan. Magst du uns dazu etwas erzählen?

Für uns kam dieser Aufstieg unerwartet. Natürlich war es ab einem gewissen Zeitpunkt in der Saison absehbar, dass wir den Aufstieg schaffen könnten. Allerdings hatten wir keine Rahmenbedingungen dafür festgelegt.

> Der Verein, die Stadt und die Sponsoren schauten, dass wir schnell eine neue Halle bekamen, um unsere Zuschauerkapazität zu erhöhen.
>
> Wir Spieler erfüllten uns alle einen großen Traum. Die Herausforderung war da, und wir wollten bestehen. Wir hatten aber auch nichts zu verlieren, da wir mit Abstand das niedrigste Budget von allen Mannschaften hatten. Dies kann einen natürlich in vielen Phasen beflügeln. Da wir allerdings alle sehr erfolgsorientiert waren, wollten wir natürlich auch die Liga halten. Dadurch entsteht ein gewisser Druck, dem wir standhielten.

Nach zwei erfolgreichen Jahren mit Balingen in der Bundesliga kamen einige Angebote auf mich zu, die eine weitere Stufe in meinem Entwicklungsprozess einleiteten.

Solche Entscheidungen beschließe ich immer sehr behutsam im Kreis der Familie. Schließlich ging es darum, von zu Hause wegzugehen. Was mir also vor einiger Zeit manche über mein Talent vorausgesagt hatten, bewahrheitete sich.

Wie wird man ein Talent?

Es ist schwierig, dies zu definieren. Auch ist es nicht leicht, von vornherein als Talent zu gelten. Fakt ist allerdings: Hat dich einmal jemand als Talent bezeichnet und steigen die Leistungen weiterhin, wird immer mehr über dich geredet und geschrieben – ob du willst oder nicht. Damit müssen junge Athleten zurechtkommen.

Was bedeutet es, ein Talent zu sein?

Beim Begriff „Talent" fallen dir neben den Sonnenseiten vermutlich auch Schattenseiten ein. Kannst du das knapp umreißen? Anders gefragt: Was ist nötig, um es aushalten zu können, von anderen als Talent betrachtet zu werden?

Vor allem als junger Spieler ist es tatsächlich nicht ganz leicht, mit den „Vorschusslorbeeren" umzugehen, die man häufig erhält. Oft wäre es gut, hier eine Begleitung zu haben, um darüber zu sprechen, einen Coach beispielsweise, aber das ist in unserem Profisport noch nicht durchgängig üblich.

Selbst wenn es auf den ersten Blick absurd scheinen mag: Es ist oft hilfreich, den Fokus nicht ausschließlich auf den Sport zu lenken, sondern den Blick zu weiten – vom Sport zum Menschen. Nur wenn wir vollständig sind und komplett, als Sportler und als Mensch, können wir dauerhaft Spitzenleistungen abrufen. Ziel ist es, größer zu denken und sich als Mensch zu entwickeln.

Das bedeutet auch, nicht nur an sich, sondern an die ganze Mannschaft zu denken. Mit den anderen in Verbindung zu bleiben, im Gespräch zu sein, gemeinsam zu wachsen.

> *„Ziel ist es, größer zu denken*
> *und sich als Mensch zu entwickeln."*

Da ich sehr bodenständig aufgewachsen bin, war es einerseits toll, etwas über mich selbst zu lesen, andererseits war es mir ziemlich unangenehm. Ich machte ja einfach das, was mir Spaß macht: Handball spielen. Doch wie ich zum Talent wurde, kann ich nicht genau sagen. Meine Eltern haben beide nicht Handball gespielt.

Erst als ich das Buch „Der Goldmineneffekt" von Rasmus Ankersen las, hatte ich eine Idee, wie es dazu gekommen sein kann. Ankersen beschreibt anhand von brasilianischen Fußballspielern, jamaikanischen Sprintern oder Orchestermusikern, dass die richtig Guten in ihrem Bereich einfach sehr viel früher damit angefangen haben und somit ca. 10.000 Stunden im Vorteil sind gegenüber anderen.

Ich überlegte, wie es bei mir gewesen sein könnte. Wie schon gesagt war ich im Prinzip von klein auf bei Spielen meiner Geschwister dabei und schaute zu. Dies spielte ich zu Hause auf unserem Dachboden oder im Hausflur in jeder freien Minute nach. Vielleicht kam ich so auf die Anzahl an Stunden, die viele in meinem Alter nicht hatten.

Willenskraft

Du äußerst die Vermutung, dass das Talent durch die Zahl der Übungsstunden zumindest mitbedingt ist. Das scheint mir nachvollziehbar. Aber ich kann nicht glauben, dass das schon alles ist. Was braucht es noch?

Tatsächlich glaube ich, dass der Wille zum Erfolg, der sich dann eben auch in der Anzahl der Übungsstunden widerspiegelt, einen großen Anteil hat. Die genannten 10.000 Stunden sind vielleicht nicht ganz wörtlich zu nehmen, aber sie sind auch nicht aus der Luft gegriffen. Ohne das ununterbrochene Arbeiten und ohne daran zu glauben ist meines Erachtens kein hoher Leistungsanspruch durchsetzbar.

Aber natürlich zählen auch viele andere Dinge dazu. Unter zahlreichen möglichen greife ich zwei Punkte auf: Emotionen regulieren und mit Niederlagen umgehen.

Emotionen kontrollieren. Früher war ich oft wütend. Als Kind konnte man mit mir nur schwer etwa „Mensch ärgere dich nicht" spielen. Ich wollte nicht verlieren. Wenn ich verlor, wischte ich die Figuren vom Spielbrett. Auch später noch erinnere ich mich zum Beispiel, dass ich während eines Spiels in der Ukraine einen Schiedsrichter angebrüllt habe. Ich fühlte mich ungerecht behandelt und wollte die Willkür der Entscheidung nicht akzeptieren. Ich konnte mich aber beherrschen, als er mir signalisierte, dass ich eine Rote Karte bekäme, wenn ich mich nicht zügle. Mir war bewusst, dass ich der Mannschaft nicht schaden wollte.

So habe ich nach und nach gelernt, meine Emotionen zu regulieren, Bewusstsein für positive Emotionen zu schaffen und als Teamplayer zu agieren.

Niederlagen. Ich habe oft erlebt, dass Niederlagen mich beflügelt haben. Ich wollte es dann beim nächsten Mal besser machen. Beispielsweise war der Beginn meines Studiums als Wirtschaftsingenieur außerordentlich schwer für mich. Ich hatte ja kaum die Zeit, um mich dem Studium zu widmen, war es andererseits aber gewohnt, dass mir Dinge zuflogen. Im Studium flogen sie mir aber nicht zu. Meine Ergebnisse im zweiten Semester waren meinem Empfinden nach zu schlecht.

Ich justierte meinen Weg, nahm erneut Anlauf, nutzte die Erfahrungen der gefühlten Niederlage, um es dieses Mal besser zu machen, und schloss ein anderes Studium ab.

Der Weg vom Talent zum Teamplayer will ebenfalls beschritten sein. Er ist nicht ganz ohne Hürden, denn ich musste mich als Talent in den Dienst der Mannschaft stellen. Zu Beginn meiner Laufbahn habe ich es durchaus genossen, ein sehr guter Spieler zu sein. Ich will nicht sagen, dass ich egozentrisch war, aber ich habe mein Talent für mich genutzt.

Natürlich war auch den Mitspielern klar, dass ich meine Sache gut mache. Sie haben mir den Ball zugespielt. Immer aber wollte ich das Spiel mit der Mannschaft gewinnen, nicht einfach Einzelspieler sein.

> *„Der Weg vom Talent zum Teamplayer*
> *will ebenfalls beschritten sein.“*

Zum Teamplayer wurde ich vermutlich auch über meine Familie. Dort war ich einer unter vielen, musste zurückstecken, konnte nie alles bekommen, was ich wollte, musste mir Dinge erarbeiten. Es war ein breites und vor allem sehr hilfreiches Lernfeld. Das übertrug ich auf die Mannschaft.

15

Ganz beispielhaft kann man sagen, dass es schon Spiele gab, bei denen ich zehn Tore geworfen habe – dennoch verloren wir. Es war offensichtlich, dass wir alle, die ganze Mannschaft, besser werden mussten, um gemeinsam zu gewinnen. Es war also auch meine Aufgabe, nach den anderen neben mir zu schauen und sie zu fördern, damit wir zusammen unser Ziel erreichen konnten.

Diese Erfahrungen haben sich in meinem Sein und in meinem Charakter widergespiegelt. Auch in den Bereichen außerhalb des Sports. Es gab kaum ein Jahr in der Schule, in dem ich nicht zumindest als Klassensprecher aufgestellt war. Wenn ich es im Nachhinein betrachte, hat sich früh herauskristallisiert, dass es immer darum ging, im Team voranzukommen und sich zusammengehörig zu fühlen.

> *„Der Weg zum Erfolg: Lerne deine Emotionen zu kontrollieren und mit Niederlagen umzugehen."*

Handballweltmeisterschaft

Doch ein Talent bleibt man nicht ewig. Spätestens mit meinem Wechsel zum TBV Lemgo im Jahr 2008 verlor ich mit Anfang 20 den Talentstatus und musste aufpassen, nicht als „ewiges Talent" in den Geschichtsbüchern zu enden. Konstante Leistungen und die Weiterentwicklung waren nun maßgeblich für den weiteren Verlauf.

Das Schlüsselerlebnis, das mich dagegen antreten ließ, war das Finale der Handballweltmeisterschaft 2007 in Köln. Mit der U21-Nationalmannschaft hatten wir einen Lehrgang in der Nähe. Als feststand, dass Deutschland im Finale stand, wurden alle Hebel in Bewegung gesetzt, um das Endspiel vor Ort miterleben zu können. Tatsächlich gelang es uns, live zu sehen, wie Deutschland vor eigenem Publikum Weltmeister wurde. Vor einer Kulisse von 20.000 Zuschauern – unfassbar.

Dass ich in dieser Arena 12 Jahre später schwer verletzt vom Platz getragen werden würde und ebenfalls 20.000 Menschen meinen Namen rufen würden, war damals nicht abzusehen. Eines war mir allerdings klar: Ich wollte vor so einer Kulisse und in dieser Atmosphäre, wenn möglich im eigenen Land, selbst einmal spielen!

Natürlich hatte ich dieses Zielbild in meinem Kopf. Es trieb mich an, den eingeschlagenen Weg weiterzugehen. Was dazu alles nötig war und welche Hindernisse ich überwinden musste, um dort hinzugelangen, konnte ich damals noch nicht einschätzen. Darüber machte ich mir konkret auch keine Gedanken. Ich wollte es mir Stück für Stück erarbeiten.

Mit meiner Nominierung zur Weltmeisterschaft 2019 wurde der Traum wahr, und ich erlebte diese Atmosphäre hautnah.

Das Erlebte erleben

2

„Jeder muss sich ein Ziel setzen, das er nicht erreichen kann, damit er stets zu ringen und zu streben habe."

Johann Heinrich Pestalozzi

Es war am 5. April 2007, also gerade einmal zwei Monate nach dem Weltmeisterschaftsfinale in Köln, als ich das Erlebte zum Teil erleben durfte. Ich wurde von Bundestrainer Heiner Brand zum ersten Lehrgang nach der Weltmeisterschaft eingeladen und machte in Stuttgart mein erstes Länderspiel. Es hätte nicht besser laufen können. Durch den Triumph wurde eine Euphorie entfacht, die unserer Sportart sehr guttat. Ich durfte mit der Weltmeistermannschaft trainieren und spielen. Ein Traum ging bei mir in Erfüllung. Viele Jahre lang hatte ich auf diesen Moment hingearbeitet, und nun wurde er endlich wahr. Spätestens als die Nationalhymne erklang und alle Zuschauer mitsangen, wusste ich, wofür ich all die Zeit trainiert und auf einiges verzichtet hatte.

> *„Es ist wichtig, die eigene Entwicklung bewusst mitzugestalten."*

Die erste Niederlage

Bisher war es fast immer stetig bergauf gegangen, und es fühlte sich an, als ob es immer so weitergehen würde. Im Rückblick sehe ich, wie gefährlich dieser wohlige Zustand ist, denn genau dann gibt es auch Rückschläge, und die muss man erst einmal wegstecken.

Eingeübte Reflexion

Du sprichst hier ein Thema an, das die meisten Menschen auch schon an sich beobachtet haben dürften: Wir haben leider die Tendenz, uns gemütlich einzurichten, also in eine Art Hochmut zu verfallen. Oft bemerken

21

wir es erst viel zu spät. Angenommen, du hättest die nahezu unmögliche Aufgabe, ein Frühwarnsystem zu entwickeln. An welchem Punkt würdest du einhaken? Was sagt deine Erfahrung?

Ein Frühwarnsystem ist wirklich schwer zu entwickeln. Das kann höchstens jeder Einzelne für sich, wenn er wachsam bleibt und sich gut beobachtet. Meist ist es doch so, dass man sich in einer Umgebung wohlfühlt, sich gut einrichtet und erlebt, dass die Dinge mal gut und mal weniger gut laufen. Alles in einem Bereich, der durchaus noch akzeptabel ist. Man bewältigt die Herausforderungen des Alltags, ohne sich tagtäglich mit der Zukunft und weiteren Entwicklungsschritten auseinanderzusetzen. Ich denke, das kennen tatsächlich die meisten von uns.

Langfristig hilfreich wäre hier ein ganz anderes Vorgehen: eine stetige Reflexion von Anfang an. Damit meine ich nicht, sich ständig zu hinterfragen. Das würde wohl eher lähmen. Ich würde hier vielmehr an eine kleine Routine denken, sich nämlich einmal am Tag, beispielsweise abends, zu fragen: Was habe ich erlebt? Was war gut? Was war schlecht? Was habe ich gelernt?

So kann es gelingen, die eigene Entwicklung bewusster mitzugestalten. Erlebe ich einen kleinen Einbruch, kann ich ihn wahrnehmen und kann gegensteuern, indem ich ihn in der Reflexion näher beleuchte. Meiner Erfahrung nach ist dieses Vorgehen empfehlenswerter als die Selbstberuhigung „Es wird schon wieder werden". Ich habe bei mir und bei anderen bereits erlebt, wie leicht man sich in einer Abwärtsspirale verheddern kann, aus der man nur schwer wieder herausfindet.

Im Jahr 2007 bestritt ich weitere Länderspiele und versuchte, mich in den Kader für die Europameisterschaft 2008 in Norwegen zu spielen. Das schaffte ich allerdings nicht. Letzten Endes war ich nicht im Kader. Das war zwar nicht schön, aber irgendwie hatte ich damit gerechnet.

Der Rückschlag war zu diesem Zeitpunkt leichter zu verkraften, als man vielleicht vermuten mag. Das lag ganz einfach daran, dass ich damals noch sehr jung war und keine ausgeprägte Erwartung hatte, sofort einen Platz in der Nationalmannschaft zu bekommen. Ganz im Gegenteil: Mir war vollkommen klar, dass ich nicht von Anfang an im Stammkader sein konnte. Immerhin befand ich mich in einem Kreis von etwa 50 Spielern, die alle ihre Qualitäten hatten. Es konnte nicht einfach sein, in der Nationalmannschaft Fuß zu fassen. Das sah ich ganz nüchtern. Diesen kleinen Rückschritt konnte ich gut in meine Laufbahn integrieren. Ich fokussierte mich neu.

Mein großes Ziel waren die Olympischen Spiele 2008 in Peking. Hierfür stellte ich alles hintan. Die Vorbereitungen für die Olympischen Spiele erstreckten sich über eine Zeit von knapp acht Wochen. In diesen acht Wochen trainierten wir viel und hart an unterschiedlichen Orten. Die Trainingseinheiten gingen an unsere Grenzen, möglicherweise auch darüber hinaus. Sie laugten uns aus und stärkten uns gleichzeitig. Unsere Kräfte wuchsen, auch wenn wir abends todmüde schlafen gingen.

> *„Kleine Rückschritte gehören dazu.*
> *Sie werden integriert,*
> *man fokussiert sich neu."*

Während dieser intensiven Wochen haben wir sehr viel investiert. Wir sind Berge hochgerannt und haben Läufe bis zur Erschöpfung absolviert. Man muss sich vorstellen, dass die Vorbereitung in die warme Jahreszeit fiel. Das war beim Outdoor-Training spürbar, aber ebenso auch beim Hallentraining. Ich erinnere mich an schweißtreibende Trainingseinheiten bei brütender Hitze. Diese gemeinsam durchgestandene Vorbereitung schweißte uns Spieler zusammen. Alle litten, alle wuchsen daran, alle waren gemeinsam im selben Boot.

Doch der Kader reduzierte sich Woche für Woche, der Kreis wurde immer kleiner. Je länger man dabeibleibt, desto deutlicher sieht man, dass man ein Element in dem ganzen Gebilde sein kann. Das hat mich immer weiter vorangetrieben mit dem Ziel, es am Schluss auch zu schaffen. Ich wusste, dass die Entscheidung näher rückt. Ich war noch jung, recht frisch dabei, hatte erst ein Jahr zuvor mein erstes Länderspiel. Zwar waren meine Gefühle gemischt, aber da ich unter den letzten zwanzig war, hatte ich schon noch Hoffnung, dabei sein zu können.

Auch mein Privatleben war auf die Olympischen Spiele ausgerichtet, alles andere hatte ich so gut es ging zurückgestellt. Dabei war es eine schwierige Phase, da nach dem letzten Saisonspiel der Wechsel zum neuen Verein anstand und ich den Umzug und die Olympiavorbereitung unter einen Hut bekommen musste. Das war nicht so einfach. Glücklicherweise war auf meine Familie Verlass. Mit ihrer Hilfe habe ich es bewältigt, diese intensive Zeit in allen Belangen gut zu koordinieren.

Bis zum Abflug nach China, wo noch einmal eine Woche zur Eingewöhnung eingeplant war, war ich Teil der Mannschaft. Bei jedem Training war ich zusammen mit den anderen auf das gemeinsame Ziel eingestellt. Meine gesamte Energie war auf die vor uns liegenden Wettkämpfe ausgerichtet. Das restliche Leben war in den Hintergrund getreten. Umso härter traf es mich, dass ich am letzten Tag vor Abflug aus dem Kader gestrichen wurde. Es war wirklich der allerletzte Moment. Das war die erste große persönliche Niederlage, die ich hinnehmen musste. Ich merkte auf einmal, dass es doch nicht nahtlos weiter und ineinander übergeht.

Wenn ich heute zurückblicke, erkenne ich, was für ein Rückschlag es war, weitere vier Jahre auf das große Ziel Olympische Spiele warten zu müssen.

Akzeptieren und weitermachen

Deine Schilderung lässt mich ahnen, dass dieser Einschnitt richtig schmerzhaft war. Um ein großes Ziel zu erreichen, hast du dich sicher rundum und sozusagen bis in jede Körperzelle fokussiert und bist mit der Mannschaft verschmolzen. Einen Tag vor dem Abflug plötzlich nicht mehr dazuzugehören und außen zu stehen, tut weh. Dass du so offen darüber berichtest, lässt vermuten, dass du diese Erfahrung für dich verdaut und verwertet hast. Was hast du dabei erfahren, was kannst du an andere, die in ähnlichen Situationen sind, weitergeben?

Es ist richtig, dass dies eine sehr schmerzhafte Niederlage war, die mich sehr lange beschäftigt hat. Als Spieler bekommst du vom Trainer natürlich gewisse Gründe vermittelt. Dass man sie in dieser Situation rational wahrnimmt, wage ich zu bezweifeln. Also beschäftigt einen weiterhin, was man selbst hätte besser machen können und sollen. Waren die anderen wirklich besser? Wie viel hat gefehlt? Solche Fragen gehen einem ständig durch den Kopf. Es ist sehr bitter, wenn die Mannschaft nach der langen Vorbereitung gemeinsam zur Olympia-Einkleidung reist, du selbst allerdings ins Hotel fahren musst.

Im Anschluss an diese Entscheidung wollte ich zeigen, dass ich besser war. Ich arbeitete weiter und ging neue Aufgaben mit Mut und vollem Fokus an. Ich akzeptierte auch für mich die Entscheidung und ließ meine Leistung sprechen. Die Nominierung zur Weltmeisterschaft 2009 bestätigte dann das Training und meine Leistung des letzten halben Jahres, und ich schaffte nach der Niederlage einen guten Turnaround.

Neue Herausforderung

In diesem Sommer wechselte ich den Verein. Ich verließ meinen Heimatverein und ging zum TBV Lemgo. Ich wünschte mir eine Veränderung und weitere Entwicklung. Einerseits half sie mir, der Routine zu entfliehen. Andererseits gelang es mir dadurch, mein Erfahrungsspektrum zu erweitern. Zum ersten Mal war ich von zu Hause weg und vollständig auf mich allein gestellt. Die Entscheidung, den Verein zu wechseln, hatte ich bereits zu Jahresbeginn getroffen. Nun war sie hilfreich, denn ich begrüßte die Veränderung und freute mich auf die neuen Erfahrungen.

Ich sah mich direkt neuen Herausforderungen gegenüber und konnte mich nicht lange mit der Nichtnominierung für die Olympischen Spiele aufhalten. Denn es gab viel zu tun. Organisatorische Dinge rund um den Umzug waren zu erledigen. Schon bald stand die Vorbereitung beim neuen Verein an. Der Tag war gefüllt mit neuen Dingen. Abends war ich müde. Es gab kaum Freiraum, um in die Vergangenheit zu schauen und zu grübeln.

Das war einerseits gut. Andererseits empfiehlt es sich meiner Erfahrung nach nicht, Dinge, die einen beschäftigen, einfach ad acta zu legen und weiterzumachen. Das mag als Zwischenlösung gut sein, um eine Pause zu bekommen und Distanz zu gewinnen. Dann jedoch ist es an der Zeit, die Erfahrungen anzuschauen, die aus der Tiefe an die Oberfläche drängen. Beim Nachbearbeiten können sie ins rechte Licht gerückt werden, denn inzwischen ist der nötige Abstand vorhanden, um sie mit neuen Augen zu betrachten und aus ihnen zu lernen.

„Ich bekam zu spüren, dass Sport ein hartes Geschäft ist."

Ich konzentrierte mich auf meine neue Aufgabe und Rolle im neuen Verein und versuchte hier schnellstmöglich Fuß zu fassen. Wir hatten eine ambitionierte Mannschaft und wollten in den nächsten Jahren in die deutsche Spitze vorstoßen. Dies funktionierte im ersten Jahr sehr gut, und wir landeten auf dem vierten Tabellenplatz.

Das Jahr 2009 begann vielversprechend. Ich wurde im Januar für die Weltmeisterschaft in Kroatien nominiert und spielte mein erstes großes Turnier mit der Nationalmannschaft. Genau hier wollte ich hin. Wir beendeten die Weltmeisterschaft auf dem fünften Platz. Es war eine weitere große Erfahrung für mich und brachte mir neuen Mut.

Wie bereits oben angesprochen, beendeten wir meine erste Saison im neuen Verein mit einem guten Ergebnis. Wir wollten im nächsten Jahr noch mehr erreichen. Doch ab diesem Zeitpunkt bekam ich zu spüren, dass Sport ein hartes Geschäft ist. Mein damaliger Trainer, Markus Baur, wurde nach meinem ersten Jahr im neuen Verein aufgrund einer verpassten Qualifikation für die Champions League entlassen. Für mich als jungen Spieler war das nicht einfach, da er mir sehr viel Vertrauen entgegengebracht und ich viel von ihm gelernt hatte.

> *„Unsere Wege sind – in wechselnden Anteilen – von Aufstieg, Niederlage und Stillstand geprägt."*

Der Trainer ist eine Leit- und Identifikationsfigur. Er hält die Mannschaft zusammen und hat jeden einzelnen Spieler im Blick. Er weist den Weg und gibt Orientierung. Fast ist es, als durchschaue er jeden Einzelnen in der Tiefe. Er sieht seine Begabung, coacht ihn und fördert ihn, sodass er sich selbst gut entwickeln kann und in der Mannschaft seine Rolle hat. Wenn der Trainer plötzlich geht, fehlt dem Mannschaftsgebilde ein Stück Rückgrat.

Die gesamte Mannschaft musste mit der Situation umgehen, und wir wollten trotzdem weiterhin erfolgreich sein. Die verpasste Qualifikation für

27

Europas höchsten Vereinswettbewerb brachte immerhin eine Teilnahme am darunter gelegenen Europapokal mit sich. Wir hatten eine gute Mannschaft mit starken individuellen Spielern und konnten uns bis ins Finale des Europapokals vorspielen.

Der TBV Lemgo war ein Verein mit langer Tradition und vielen Erfolgen. Die letzten lagen allerdings schon eine Weile zurück, und wir hatten die Möglichkeit, nun wieder einen Titel zu gewinnen. Und dies taten wir auch. In vielen Spielen machte die individuelle Klasse vieler Spieler den Unterschied und brachte uns diesen Titel. Wir hatten es zwar geschafft, aber trotzdem spürte man, dass die Mannschaft in sich nicht so gefestigt war, um noch mehr zu erreichen. Für mich war es mein erster internationaler Titel mit einem Verein und wieder eine Bestätigung für mein Training.

Es schien, als würde alles wieder nach Plan laufen und im selben Tempo weitergehen. Doch damals wusste ich noch nicht, dass ab diesem Zeitpunkt eine Phase ihren Anfang nahm, die nicht nach meinen Wünschen verlief.

Durststrecke

Du berichtest über eine Zeit in deiner sportlichen Laufbahn, die von Veränderung, Leistung, Gelingen, aber auch von Misserfolgen und Niederlagen der Mannschaft geprägt war. Es klingt ein wenig, als sei etwas festgefahren gewesen. Wie ist es dir gelungen, mit dieser Phase umzugehen und dich davon zu befreien?

Ich glaube, mir war es in dem Moment noch nicht bewusst, aber im Rückblick war es eine Phase, die wichtig und notwendig war. Weder das Leben noch berufliche Laufbahnen scheinen sich einfach linear zu entwickeln. Zumindest kann ich das weder bei mir noch bei anderen beobachten. Viel eher scheint es doch so zu sein, dass unsere Wege von Aufstieg, Niederlage, Stillstand in wechselnden Anteilen geprägt sind. Erst im Rückblick erkennen wir deutlicher, wie sich alles ineinandergefügt hat. Wichtig scheint mir also weniger, dass Phasen des Stillstands eintreten, sondern wie wir damit umgehen. Wenn wir uns sagen

> können, dass sie geschehen, dass wir sie akzeptieren, aber danach streben, uns
> daraus zu befreien, ist schon viel gewonnen. Wenn wir sie als Reifezeit betrach-
> ten können, helfen sie uns.

Gefährliche Routine

Im Nachhinein betrachtet hatte ich vieles als selbstverständlich angesehen
und gedacht, es würde vielleicht alles immer so weiterlaufen wie bisher.
Genau darin liegt das Problem. Nahezu unbemerkt schleichen sich Prozesse
ein, die nach und nach Raum gewinnen. Sie scheinen menschlicher Natur,
denn ich erkenne sie auch bei anderen. Man geht davon aus, alles werde
schon so weitergehen wie die Jahre zuvor. Natürlich war ich ambitioniert,
im Rückblick frage ich mich jedoch, ob ich tatsächlich alles mit der letzten
Konsequenz wie bisher umsetzte. Denn ich war mir durchaus bewusst,
einen gewissen Status erreicht zu haben. Schließlich war ich Nationalspieler.

„Ohne Orientierung und Klarheit ist
kaum ein Mannschaftssport möglich."

Aber genau hier lag der Irrtum. Das war eine sehr große Erkenntnis für
mich. Sie hat mich gelehrt, mich jeden Tag aufs Neue herauszufordern und
zu versuchen, immer das Bestmögliche zu erreichen. Dadurch dass es in
diesen Jahren mal bergauf und mal bergab ging, schlichen sich Selbstzweifel ein. Wem ginge das nicht so in einer solchen Phase? Jede Aktion im
Spiel, vor allem aber im Training, analysierte ich. Jedes Detail ging mir im
Nachhinein durch den Sinn. Wie so etwas aussieht? Ich zerbrach mir den
Kopf und ging gedanklich nochmals alle Aktionen durch. Teilweise saß ich

29

nach Spielen bis tief in die Nacht vor dem PC und schaute mir die Szenen immer wieder aufs Neue an. Ich quälte mich sozusagen selbst. Nach einem schlechten Spiel musste ich schnellstmöglich Bescheid wissen, was nicht gut war und was wir, aber vor allem ich, besser machen können.

Wenn ich jetzt zurückblicke, sehe ich, dass ich in diesem Fall auf der emotionalen Ebene war. So konnte ich die Informationen nicht richtig einordnen und damit umgehen. Erst einige Zeit später habe ich bemerkt, dass dies nicht der richtige Weg ist, um wieder besser und fokussierter zu werden. Das Gegenteil war eher der Fall. Ich bin der Meinung, dass eine gewisse Reflexion gut ist. Diese muss allerdings rational und mit Abstand erfolgen. Sonst sitzt man nach jedem Spiel bis drei oder vier Uhr nachts da und schaut sich die Spiele noch einmal an. Und wenn man ehrlich zu sich selbst ist, kann man in einer solchen Phase jedes Detail bis ins Kleinste auseinandernehmen und Fehler finden. Wer weiß: Vielleicht will man sogar Fehler finden.

Orientierung und Klarheit

Die Zweifel, die nach einer nicht gut abgerufenen Leistung oder nach Niederlagen eintreten, kennen nicht nur Sportler, sondern vermutlich alle Menschen. Wie geht ihr im Mannschaftssport damit um? Welche Rolle spielt der Trainer, welche der Führungsspieler, welche das Team?

Ohne Orientierung und Klarheit ist kaum ein Mannschaftssport möglich. Jeder muss genau wissen, an welchem Platz er steht und welche Aufgaben er übernimmt. Hier kommen sowohl dem Trainer als auch dem Führungsspieler wichtige Rollen zu. Beispielsweise ist es nach Abpfiff eines Spiels für die einzelnen Spieler wichtig, eine Rückmeldung zu bekommen. Wenn der Trainer zumindest sagt, dass sich alle am nächsten Tag zusammensetzen, um über das Spiel zu sprechen, ist schon ein Anfang gemacht. Manche Trainer sprechen aber auch direkt nach dem Spiel mit dem Team und mit einzelnen Spielern. Das hilft beim Einordnen der Ereignisse.

> Es geht nicht darum, ein Spiel gleich im Anschluss bis ins Detail zu analysieren. Es geht nur um eine kurze Stellungnahme, um das Ereignis für den Moment abschließen und zur Seite stellen zu können. Ist das Spiel gelungen, jubeln alle. Die Emotion ist aufgefangen. Wird das Spiel als Niederlage empfunden, ist die Rückmeldung des Trainers umso wichtiger. Auch der Führungsspieler kann hier für Orientierung und Klarheit sorgen.

Irgendwann stellte ich mir die Frage, ob mich Grübeln in irgendeiner Hinsicht voranbringt, ob es mir nützt. Damit war schon das Ende eingeläutet. Denn die Antwort lautete ganz klar, dass es mir eher schadet und mich auf keinen Fall glücklicher macht. Die Zweifel trägt man mit ins Bett und in das nächste Training oder Spiel, und die Leistung wird dadurch nicht besser. Ich rate daher jedem, zwar kritisch mit sich umzugehen, aber dies mit Abstand zu tun.

„Im besten Fall ist Veränderung proaktives Handeln."

Weitere Möglichkeiten, sich aus solchen Phasen zu lösen, können in Veränderungen bestehen oder durch Hinzuziehen externer Hilfe. Veränderung bedeutet in unserem Sport meist einen Orts- und Vereinswechsel. Häufig ist es einfacher, vor etwas wegzulaufen, anstatt sich den eigentlichen Problemen zu stellen. Damit will ich sagen, dass Veränderung beide Seiten in sich trägt. Ist sie eher Flucht, ist es wichtig, sie für sich selbst auch so zu verstehen: Ich gehe aus einer unbefriedigenden Situation, um mir etwas Neues zu erschließen. Dann mag sie sich in etwas Wertvolles verwandeln.

Im besten Fall aber ist Veränderung proaktives Handeln: Bevor ich mich innerhalb meiner Grenzen gemütlich einrichte, nehme ich neue Herausforderungen an. Ich gestalte meinen Lebens- und Berufsweg frei und bewusst, bringe meine Persönlichkeit in ein anderes Team ein und nutze die gewonnenen Erfahrungen für mich und für die Mannschaft.

Routine aufbrechen

Du hast schon konkrete Hinweise gegeben, wie es gelingen kann, sich selbst wachzuhalten und sich nicht von Routinephasen einschläfern zu lassen. Wenn ich es richtig verstehe, geht es auch um die Entscheidung, ob ich einfach nur meinen Beruf möglichst gut machen möchte oder ob ich das Ziel habe, Spitzenleistungen abzurufen. Wie siehst du das?

Genau das ist der Punkt. Nach meiner Einschätzung müssen wir immer wieder entscheiden, Spitzenleistungen abrufen zu wollen, und uns dafür aktiv einsetzen. Wenn wir die Augen öffnen, sehen wir überall Menschen, die uns als Vorbild dafür dienen können. Sie haben immer wieder versucht, die scheinbaren eigenen Begrenzungen auszudehnen, zu erweitern, vielleicht sogar zu überwinden. Das geschieht weder durch Zufall noch durch Magie, sondern durch harte Arbeit: Arbeit auf dem eigenen Leistungsgebiet, aber auch Arbeit an sich selbst.

Es geht nicht immer nur darum, Spitzenleistungen auf Höchstniveau abzurufen. In meiner Karriere habe ich mir nach schwankenden Phasen als Credo genommen bzw. als Ziel gesetzt, immer ein Mindestlevel an Leistung zu erbringen. Es kann das genaue Spielen von Pässen, Abwehrarbeit oder das Zusammenspiel in der Kleingruppe sein. Ich bin davon überzeugt, dass dies auch an schlechten Tagen möglich ist, um so über verschiedene Hilfsmittel 70–80% der Leistungsfähigkeit zu erreichen.

In solchen Phasen versuchte ich, andere um mich herum besser zu machen, um selbst wieder mehr Sicherheit zu erlangen. Es ging mir darum, ein Level zu erreichen, das mir und allen in der Mannschaft hilft, ein Mindestmaß zu haben, um an das Ziel heran- oder möglichst darüber hinauszukommen. Reflexion kann man sehr gut dazu nutzen, sich Stück für Stück zu erarbeiten, wo genau dieses Level ist.

Die Rückkehr

Im Jahr 2013 entschloss ich mich, zu meinem Heimatverein zurück-zukehren. Für viele Außenstehende aus der Handballbranche wie die Presse, andere Trainer oder Experten war das ein Rückschritt, da ich mich einem Verein aus dem unteren Tabellendrittel anschloss. Für mich war es ganz anders. Ich hatte klare Ideen zu diesem Thema. Natürlich hatte ich mir vorgestellt, zurück zu den Wurzeln zu kommen, um von dort aus mit dem Verein Neues zu entwickeln. Auch erhoffte ich mir, an meine extrem guten Anfangsjahre mit scheinbar endlos steigenden Leistungen anzuknüpfen, wenn ich wieder in meinem Verein spielte. Doch ganz so einfach war es nicht.

Natürlich wusste ich, dass die Zeit auch an meinem Heimatverein nicht spurlos vorübergegangen war. Doch ich hatte die Veränderungen nicht in dieser Intensität erwartet. Ein paar bekannte Muster, mehrere frühere Mitspieler und auch der Trainer waren noch da. Daher hatte ich zu Beginn den Eindruck, es sei alles noch wie früher. Aber Menschen ändern sich, werden älter und reicher an Erfahrungen. Der Verein war nicht mehr der gleiche, die Gegebenheiten hatten sich gewandelt, ich selbst hatte mich verändert. Mehr noch: Der Druck auf den Rückkehrer war nun umso größer.

Im Verein wurde ich erwartungsvoll aufgenommen. „Jetzt wird alles gut", schienen manche zu denken. Denn ich brachte die Erfahrungen aus der Nationalmannschaft und aus dem vorigen Verein mit nach Hause. Auch für mich selbst war klar, dass ich gemeinsam mit der Mannschaft etwas bewegen wollte. Ich stürzte mich in die Aufgaben.

Wenn ich heute zurückblicke, würde ich alles deutlich offener angehen und mich nicht auf meine Vorstellungen festlegen. Ich hatte einen hohen Anspruch und fühlte mich für vieles verantwortlich. Das forderte mich sehr und kostete Kraft.

Zumal sich auch bei mir viel verändert hatte. Meine Freundin und heutige Frau war damals nach ein paar Jahren nach Lemgo nachgezogen. Wir hatten uns gut eingerichtet. Als wir zurückkamen, hatten wir zum ersten Mal in Balingen eine gemeinsame Wohnung. Mein privates Umfeld war nicht mehr wie früher. Die alten Freundschaften waren mir zwar geblieben, aber auch dort hatte die Zeit Spuren hinterlassen, teils sehr schöne. Viele Freunde hatten Familien gegründet, Kinder bekommen.

„Ich suchte und fand meinen Weg in diesem altbekannten und doch so veränderten Umfeld."

Ich traf auf eine veränderte Situation. Oberflächlich betrachtet war das nicht schlimm, aber innerlich hätte ich gerne nochmals das alte Gefühl aufleben lassen wollen. Ich begriff, dass das nicht ging, und machte mich daran, die neuen Umstände zu akzeptieren und zum Guten zu wenden. Auch im Verein gab es einen Umbruch, dann einen Trainerwechsel. Das Rad drehte sich weiter. Ich fand meinen Weg in diesem so bekannten und doch so neuen Umfeld.

Wenn ich damals schon gewusst hätte, wie hilfreich ein intensiver externer Blick auf die Situation ist, hätte ich mich vermutlich aktiv um einen guten Mentalcoach gekümmert. Ich denke, das hätte mir zahlreiche Denkanstöße gegeben, die ich nutzbringend hätte umsetzen können. Ich hatte zwar die Erfahrung meines früheren Mentors und Beraters. Allerdings konnte ich mich vielleicht in diesem Umfeld nicht so sehr öffnen, wie ich es gewollt hätte oder wie es nötig gewesen wäre.

Aber bis zu dieser Erkenntnis sollten gefühlt noch dreieinhalb bis vier Jahre vergehen. Zum damaligen Zeitpunkt fehlten mir noch das tiefere Wissen um mentale Stärke und die hilfreichen Impulse aus einem individuellen Coaching. Leider ist Coaching in unserem Sport nicht verbreitet. Durch unsere harte Sportart wird das Bild von zähen und starken Spielern vermittelt, die sich selbst am besten helfen können. Als hätten wir Unterstützung nicht nötig. Nachdem ich damit in Berührung kam, sehe ich dieses Thema mit neuen Augen. Die wohlwollend distanzierte Haltung des Coaches konnte mehr aus mir herausholen, als sich nur in Gesprächen mit meiner Frau, meiner Familie und meinen Freunden nebenbei ergeben hätte. Es war ein gezieltes Arbeiten mit einem sehr fokussierten Blick, das mir half, mich selbst noch besser kennenzulernen und meine Stärken einzuschätzen und auszubauen.

Bevor ich allerdings selbst so weit war, ein Coaching in Anspruch zu nehmen, musste es schon zum Äußersten kommen, bis fast der sportliche Abstieg aus der 1. Handballbundesliga besiegelt war. Leicht fiel mir der Schritt nicht, denn man muss bereit sein, sich anzuvertrauen. Man spricht über viele Themen, legt alles offen. Das kannte ich bis dahin nicht. Nun jedoch muss ich sagen, dass es genau dieses mutige Überschreiten der Hemmschwelle, diese Offenheit war, die mich weitergebracht hat. In gewisser Art und Weise bin ich freier geworden, die Reflexion geht ganz anders vonstatten, als wenn ich wie bisher nur selbst grübelte, was zu ändern sei.

Der Blick eines geschulten Fremden von extern hilft hier sehr effizient. Schade, dass dies viele Sportler in Mannschaftssportarten ignorieren. Deren Tenor lautet: „Ich kann mir selbst am besten helfen." Damit vergeben sie Möglichkeiten und verharren in ihrer egoistischen Haltung. Durch den Blick von außen hingegen wird das Wesentliche deutlicher, und der Fokus lässt sich wieder richtig einstellen.

Ich will nicht behaupten, dass mir die Ergebnisse dieses Prozesses, als ich ihn später einleitete, einfach in den Schoß gefallen wären. Ganz im

35

Gegenteil: Es war ebenfalls Arbeit. Und nicht immer die leichteste. Ich musste den Mut aufbringen, mich als ganzen Menschen anzuschauen und dies zuzulassen. Nicht nur meine starken und wohlgefälligen Anteile, auch die anderen, die jeder Mensch gerne in den Schatten rückt. Damit nicht genug: Das Begriffene wollte umgesetzt werden. Teils ging es fließend und unbemerkt, teils auch gegen Widerstände. Es war eine intensive Begleitung durch den Coach, die ich erfahren durfte.

Ego – ein zweischneidiges Schwert

Du sprichst von einer inneren Antriebskraft, die wir oft auch als Ego bezeichnen. Was genau meinst du damit?

Tatsächlich sehe ich zwei Seiten. Das Ego hilft uns, uns durchzusetzen. Im weitesten Sinne gelingt es uns durch das Ego, unsere Idee in die Welt zu bringen. Es tritt dann als Durchsetzungskraft in Erscheinung. Wertvoll und hilfreich ist es für uns aber nur dann, wenn wir gelernt haben, auch einen Schritt zurückzutreten und das Ego zur Seite zu stellen. Vermutlich gelingt das nur durch eine Art Reifungsprozess. Ist dieser erfolgt, können wir leichter Rat einholen und annehmen. Zusätzlich erfahren wir, dass wir nicht das Maß aller Dinge sind und dass wir nicht alles allein schaffen.

Im Nachhinein betrachtet habe ich zu spät damit angefangen, mir Rat von einem Coach oder Mentor zu holen und somit meinen Blick zu schärfen und meine Leistung zu verbessern. Dabei muss es nicht immer nur um das Sportliche gehen. Wir sind alle nur Menschen und haben in unserem Leben genug andere Sorgen und Probleme, die Einfluss auf unser Leben oder unsere Leistung nehmen.

Durch meinen Wunsch, mich zu verbessern, wollte ich mich selbst mehr mit gewissen Themen wie mentale Stärke, Fokus, Reflexion, Kommunikation oder meiner eigenen Persönlichkeit beschäftigen. Daher fing ich an, Bücher über diese Themen zu lesen und mich damit auseinanderzusetzen. Ein ehemaliger Professor in meinem Studium hatte für mich zum Thema

Lesen einen entscheidenden Satz gesagt, der mir in Erinnerung geblieben ist: „Read ten pages of a good book every day." Im Anschluss rechnete er es hoch, wie viele Bücher man in einem Jahr mit einer durchschnittlichen Seitenanzahl von 200 Seiten lesen könnte. Das Ergebnis: 17,8. Das hörte sich für mich damals sehr viel an, aber es waren ja nur zehn Seiten an einem Tag.

„Wir müssen lernen, auch einmal einen Schritt zurückzutreten und das Ego zur Seite zu stellen."

Ich entdeckte also, wie viel Potenzial dahintersteckte und wie viel Wissen ich mir zum Beispiel bei langen Busfahrten aneignen konnte. Ich wollte meine Zeit sinnvoll nutzen. Dabei machte ich es mir zur Aufgabe, Teile von diesem Wissen auszuprobieren und in meinen Alltag zu integrieren. Dies gab mir eine gewisse Sicherheit und vor allem den Fokus, meine Leistung wieder konstanter zu erbringen. Es war eine sehr wichtige Phase in meiner Karriere, um zu erkennen, wie ich wirklich ticke.

Neue Ära in der Nationalmannschaft

Durch meine konstanten Leistungen in der Handballbundesliga spielte ich mich nach einer Durststrecke mit ein paar sporadischen Einsätzen bei Länderspielen wieder in den Kreis der Nationalmannschaft. Unter dem neuen Bundestrainer Dagur Sigurdsson bekam ich die Chance, 2015 bei der Weltmeisterschaft in Katar meine Leistung zu zeigen. Obwohl Dagur ein Trainer war, der nicht viel mit seinen Spielern sprach, vermittelten er und sein Trainerstab jedem im Team seine Aufgabe und Rolle extrem gut.

Trainer und Co-Trainer

Der Trainer sprach wenig, und dennoch kannte jeder seine Rolle? Wie kann ich mir das vorstellen?

Dagur kommunizierte tatsächlich relativ wenig. Wenn er etwas sagte, war es aber sehr deutlich und verständlich. Zudem hatten wir zu der Zeit zwei Co-Trainer. Das Trainerteam bestand also aus drei verantwortlichen Personen. Sie waren ganz verschieden, jeder hatte seinen eigenen Charakter. Das war hilfreich, denn sie gingen individuell auf die Spieler ein, und jeder hatte das Gefühl, gut andocken zu können. Eine dieser drei Personen konnte den einzelnen Spielern alles vermitteln, was wichtig war.

Daher denke ich, dass über diese drei Kanäle, aber insbesondere auch über die Co-Trainer einfach deutlich mehr Input Richtung Rolle, Aufgabe und Vertrauen gegeben wurde. Im Nachhinein kann das ein Schlüssel gewesen sein. Die Vermittlung der Aufgaben erfolgte vor allem über die beiden Co-Trainer. Diese waren in so enger Absprache mit dem Trainer, dass sie ihn gut einschätzen konnten und genau wussten, was sie uns Spielern vermitteln wollten. Ein gutes System; der Erfolg bestätigte es.

Durch das von Dagur entwickelte Leitmotiv der Bad Boys entwickelten wir uns zudem enorm. Wir spürten das Vertrauen, das er und die Co-Trainer in uns hatten, und dies wirkte sich unmittelbar auf das eigene Selbstvertrauen aus und dadurch auf die Leistung der gesamten Mannschaft. Über dieses Turnier spielte ich mich in den Stamm der Mannschaft und durfte dann 2016 mein erfolgreichstes Jahr erleben.

Infobox: Erklärung Bad Boys

Die Basketballmannschaft der Detroit Pistons in den späten 1980er- und frühen 1990er-Jahren hinterließ in der Geschichte der NBA einen bleibenden Eindruck. Wenige Mannschaften zeigten ein so breites Spektrum an Emotionen wie die Detroit Pistons. Die Mannschaft bestand aus hartgesottenen Spielern, die sich vor niemand versteckten und alles dafür taten, um am Ende das Spielfeld als Sieger zu verlassen. Dies brachte mit sich, dass sie sowohl sehr emotional als auch körperbetont spielten und sich so zu den „Bad Boys" machten. In einer Ära der Dominanz von Mannschaften wie den LA Lakers oder den Boston Celtics haben sie es mit ihrer Spielweise, aber vor allem mit ihrer Teamleistung geschafft, 1989 und 1990 Meister in der NBA zu werden. Spieler wie Isiah Thomas, Bill Laimbeer, Rick Mahorn oder der junge Dennis Rodman haben diese Identität der „Bad Boys" geprägt.

Teamerfolg

Die Europameisterschaft 2016 in Polen begann unter wenig guten Voraussetzungen. Viele der Stammspieler mussten verletzt passen. So war es für viele neue und junge Spieler das erste Turnier. Wir gingen als Außenseiter in die Wettkämpfe, und nach der ersten Niederlage im Gruppenspiel gegen die starken Spanier sah alles danach aus, als würden wir recht schnell ausscheiden. Doch genau diese Niederlage tat uns als Team extrem gut, und wir kämpften uns ins Turnier. Unsere Rolle als Underdog wurde uns immer deutlicher bewusst, und wir wussten unsere Stärke und unser Leitmotiv der Bad Boys immer besser einzusetzen.

Wie uns das gelang? Wir wurden ständig anhand von Plakaten und Sprüchen in der Kabine an unsere Werte erinnert. Dies gab uns eine Idee, an der wir uns festhalten konnten, auch wenn wir vielleicht noch nicht wussten, was das mit uns macht. Dieses Bewusstsein hat sich dann von Spiel zu Spiel gesteigert. Wir merkten, dass wir mit genau dieser Truppe, als die wir uns zusammengerauft hatten, auf Weltniveau mithalten konnten. Obwohl es vielleicht im ersten Spiel nicht so gut ging: Die Spiele danach liefen immer besser. Wir sahen, dass Teammitglieder Leistung abrufen konnten, an die sie selbst im Vorfeld vielleicht nicht geglaubt hätten. Wie selbstverständlich schlüpften sie in Rollen und füllten sie aus, als seien sie für sie zugeschnitten. Wir waren in einem Flow und entwickelten das Gefühl, dass wir etablierte Mannschaften ärgern und an ihre Grenzen bringen konnten. Wir konnten uns zeigen, konnten beweisen, dass wir begabte Spieler haben, die bereit sind, ihr Können nach außen zu tragen. Das trug uns von Spiel zu Spiel durch das Turnier. Wir hatten uns in den Rhythmus eingestimmt, denn es ist tatsächlich ein Rhythmus: ein Tag Spiel, ein Tag Pause, ein Tag Spiel, ein Tag Pause. Je mehr wir uns diesem Rhythmus überließen, desto mehr wurden wir von ihm getragen. Trotz der hohen Spielbelastung kam eine Energie zurück, die uns stärkte und beflügelte.

„Bad Boys: Wir hielten uns an unserem Leitbild fest."

Der gefestigte Teamgeist trieb uns voran und führte uns schließlich ins Halbfinale.

Bis zu diesem Zeitpunkt hatte ich seit meinem ersten Länderspiel noch kein Halbfinale bei einem großen Turnier gespielt bzw. es dorthin geschafft. Das schürte den Enthusiasmus noch weiter.

Wenn man unter den letzten vier Mannschaften ist, kann alles passieren. Das wussten wir. In einem hart umkämpften und ausgeglichenen Spiel gewannen wir nach Verlängerung in der letzten Sekunde gegen Norwegen. Die Freude über den Einzug ins Finale kannte keine Grenzen.

Nach diesem Spiel fand aus meiner Sicht der Trainer die entscheidenden Worte, damit wir fest an den Titel glaubten. Dagur sprach zu uns in seiner ruhigen Art. Ich kann den Wortlaut nicht genau wiedergeben, aber er meinte, dass wir heute Silber gewonnen und damit schon so viel erreicht haben. Spanien will oder muss Gold holen – wir können. Das nahm uns in meinen Augen einen gewissen Druck und ließ uns mit Freude das letzte Spiel spielen.

Wir haben es als Mannschaft geschafft, uns über den Zeitraum von zwei Wochen in einen Rausch zu spielen, der letzten Endes im Finale gegen Spanien seinen Höhepunkt fand. Wir ließen den Spaniern von Beginn an keine Chance, und das gute Gefühl, das viele von uns über den gesamten Tag hatten, bestätigte sich. Aus meiner Sicht hatten wir keine Angst und weniger zu verlieren als die Spanier, die seit vielen Jahren Titelanwärter waren. Das Ergebnis: Europameister 2016! Ein mehr als wichtiger Erfolg für den deutschen Handball, aber natürlich auch für jeden von uns.

Mannschaftsfoto nach dem Finale © Marco Wolf

„Es war unbeschreiblich.
Ein Märchen. Kaum zu fassen."

Emotionen

Kannst du uns berichten, wie man sich in einem solchen Wettkampf fühlt? Was tut weh, was beflügelt?

Es war unbeschreiblich. Ein Märchen. Kaum zu fassen. Die Emotionen kochten bei diesem Wettbewerb so hoch, wie ich es niemals sonst in meiner Karriere erlebt hatte. Wir waren uns bewusst, dass Millionen Fans zu Hause mitfieberten, und spielten uns in einen Rausch. Gleichzeitig waren wir brutal fokussiert. Ein einzigartiger Spagat.

Wir erlebten bei dieser Europameisterschaft viele Spiele, die ganz knapp waren, die auch nur mit einem einzigen Tor in den letzten Sekunden gewonnen wurden. Wenn ich nur an Kai Häfner denke: Er hatte uns zu Beginn von zu Hause aus die Daumen gedrückt und war dann nachnominiert worden. Im Halbfinale warf er fünf Sekunden vor Ertönen der Schlusssirene das entscheidende Tor. Wir zogen ins Finale ein! Der Jubel war grenzenlos. Die Mannschaft, die Trainer, die Fans vor Ort: Alle stimmten mit ein. Und uns war klar, dass unsere Unterstützer vor den häuslichen Fernsehapparaten nicht weniger begeistert reagierten.

Das war sicherlich eines der Highlights – natürlich neben dem gewonnenen Finale. Aber auch in der Vorrunde hatten wir Spiele, bei denen die gegnerische Mannschaft die Chance auf ein Unentschieden oder den Sieg gehabt hätte, was wir in unserem Spielfluss verhindern konnten. Die Emotionen, die uns dadurch befeuerten, trugen uns durchs Turnier. Ob es wohl so gewesen wäre, wenn wir die meisten Spiele in der Vor- und Hauptrunde mit größerem Vorsprung gewonnen hätten? Ich glaube kaum. Wir haben diese Anspannung, dieses Überschreiten unserer eigenen Grenzen und diesen maßlosen Zusammenhalt gebraucht, um das scheinbar Unmögliche zu verwirklichen.

Die Bedeutung des EM-Gewinns 2016 war für den deutschen Handball enorm. Wir hatten eine lange Durststrecke hinter uns mit verpassten Qualifikationen und schlechten Ergebnissen. Einiges davon habe ich miterlebt. Da bewirkt der Gewinn eines solchen Titels extrem viel. Auf einmal ist eine Sportart wieder auf dem Höhepunkt. Die Europameisterschaft bedeutet deshalb so viel, weil in unserem Sport die besten Teams aus Europa kommen. Der Titel ist sehr hoch gewertet. Der Erfolg trug sich weiter bis in die kleinsten Vereine. Auch Jahre danach. Er brachte den Verband nach vorne. Wir hatten eine Story zu erzählen. Der grandiose und klare Finalsieg gegen die Spanier war ein wahres EM-Märchen. Er polierte unsere Außendarstellung auf Hochglanz, lockte Sponsoren an und verhalf uns zu Fernsehzeiten. Die Bronzemedaille bei den Olympischen Spielen 2016 kam noch dazu. Für uns Spieler war die gewonnene Europameisterschaft ein unbeschreiblich glücklicher Moment. Unser Sport erfuhr dadurch über Jahre hinweg einen Aufschwung und große öffentliche Aufmerksamkeit.

„Eine Flamme lodert, um das lang ersehnte Ziel doch noch zu erreichen."

Mit dem Sieg über Spanien im Finale haben wir nicht nur den Titel der Europameisterschaft gewonnen, sondern wir hatten uns auch die direkte Qualifikation für die Olympischen Spiele in Rio 2016 erspielt. Das war bedeutungsvoll, da die deutschen Handballer im Jahr 2012 an der Qualifikation gescheitert waren. Die letzte Olympiateilnahme 2008 lag also schon acht Jahre zurück. Mein größter Traum und ein lang ersehntes Ziel ging endlich in Erfüllung.

Dies hat mir gezeigt, dass man Ziele nie aufgeben sollte und dass sich konstante Leistung und Arbeit irgendwann auszahlen würden. Über acht Jahre habe ich letzten Endes darauf hingearbeitet, dieses Ereignis erleben zu dürfen. Auch wenn es zwischendurch immer wieder Rückschläge gab und ich schon begann, nicht mehr fest damit zu rechnen. Ich bin davon überzeugt, dass in einem eine Flamme lodert, um das lang ersehnte Ziel doch noch zu erreichen. Die Olympischen Spiele zu erleben und mit einer olympischen Bronzemedaille nach Hause zurückzukommen, war einer der schönsten Momente meiner Karriere.

Das Jahr 2016 hat mir extrem viel Erfahrung gebracht und gezeigt, wie Teams funktionieren und unter welchen Voraussetzungen diese erfolgreich sein können – egal wie die Umstände zuvor aussehen.

Was macht ein Team erfolgreich?

Es ist eine hohe Kunst, aus einzelnen Persönlichkeiten ein geschlossenes Team zu bilden, zu dem auch der Trainer zählt. Nie ist das Team fertig, immer ist alles im Wandel, formiert sich neu, entwickelt sich weiter, erhält Impulse, die verarbeitet werden, nimmt Individuen auf, entlässt andere, wird erschüttert und balanciert sich aus. Dennoch gibt es neben dem Wandel auch Konstanten: das gemeinsame Ziel, der unbedingte Leistungswille, die Bereitschaft, rückhaltlos das eigene Beste einzubringen. Wie in einer guten Freundschaft gehört dazu auch, die kleinen Unzulänglichkeiten jedes Einzelnen nicht überzubewerten, sondern das Miteinander und das gemeinsame Streben, die Vision, in den Mittelpunkt zu stellen.

Zu diesem Zeitpunkt war ich bereits über zehn Jahre Profihandballspieler und als Mannschaftssportler ständiger Teil eines Teams. Mehr und mehr interessierte es mich zu erfahren, was Teams erfolgreich macht und welche Voraussetzungen erfüllt sein müssen.

Ich war glücklich, dass wir als Mannschaft ein solches Jahr gespielt hatten, wollte es aber durchaus auch in weiten Teilen in der Theorie verstehen.

Anlass dafür gab ein Interview mit Studenten und einem Professor der renommierten Universität St. Gallen nach der Europameisterschaft 2016. In diesem Gespräch untersuchten die Studenten anhand unserer Antworten, was für uns die entscheidenden Faktoren für unseren Erfolg waren. Es war ein sehr tiefgreifendes Gespräch, und man merkte, dass es sich hierbei nicht um ein Interview für die Presse handelte. Erst später fand ich heraus, dass der anwesende Prof. Dr. Jenewein einer der führenden Dozenten ist, wenn es um das Thema „High Performance Teams" geht. In den letzten Jahren untersuchte er verschiedene Teams aus der Wirtschaft und dem Sport. Mit seinen Erkenntnissen belegte er für sich ein Konzept, das bei all seinen untersuchten Teams Anwendung fand. Dieses fasste er in einem Buch zusammen.

Als Mannschaftssportler arbeitet man tagtäglich mit seinen Kollegen daran, den maximalen Erfolg zu erzielen. Ich bin jedoch überzeugt, dass die meisten Teammitglieder nicht wissen, welche Mechanismen in einem Team greifen und welche Voraussetzungen es für Teamerfolg gibt. Das ist in meinen Augen nicht dramatisch – solange die Menschen, die solche Teams führen, sich damit auseinandersetzen.

In der Literatur wird oft von Prozessen oder Phasen gesprochen, die ein Team durchlaufen muss, bevor es schließlich erfolgreich ist. Die Teamphasen nach Bruce Tuckman stellen ein weit verbreitetes Modell dar, um Teams bei der Orientierung und Entwicklung zu helfen. Tuckman beschreibt hierbei die vier Phasen Forming, Storming, Norming und Performing, die er im späteren Verlauf mit Jensen um eine fünfte Phase, Re-Froming oder auch Adjourning genannt, ergänzte.

— In der Forming-Phase entsteht das Team. Die Phase des Kennenlernens, Abtastens und der Rollenfindung beginnt.

— Storming ist geprägt von Konflikten und Machtkämpfen. Der Konkurrenzkampf im Team nimmt jetzt Fahrt auf, und jeder kämpft um seine Rolle.

— Über gemeinsam festgelegte Regeln und Werte gelangt man zur Norming-Phase. Jeder hat sich nun ins Team eingefügt, und es entsteht ein „Wir-Gefühl".

— Die vierte Phase ist geprägt von Leistung und nennt sich Performing. Das Team hat sich gefunden und ist in der Lage, nun produktiv zu arbeiten.

— In der neu hinzugefügten Re-Forming-Phase geht es nach einer eventuellen Beendigung des Teams nach Auflösung oder Umstrukturierung zur Würdigung und Wiederaufnahme.

In meinen Augen bietet das Modell einen guten ersten Überblick, um überhaupt ein Verständnis für verschiedene Teamphasen zu bekommen. Jenewein und Heidbrink setzen allerdings noch früher an. Sie definieren in ihrem Stufenprozess fünf Erfolgsfaktoren. Ich möchte an dieser Stelle nur einen kleinen Überblick darüber geben. Wer sich intensiver damit auseinandersetzen möchte, dem kann ich das Buch „High Performance Teams" nur empfehlen.

— Für Jenewein und Heidbrink ist die Frage nach der Existenzberechtigung der erste Schritt auf dem Weg zu einem erfolgreichen Team. Also die Frage nach dem Sinn, den dieses Team verfolgen soll.

— Die zweite Stufe beinhaltet die Auswahl der Teammitglieder: Personen, die den Weg von Beginn an bis zum möglichen Zielerreichen gemeinsam beschreiten sollen. Um diesen Weg erfolgreich zu gehen, muss sich das Team zuerst finden.

— In einem dritten Schritt müssen sich Rollen, Hierarchien und Verantwortungen für einzelne Mitglieder bilden.

— Wenn sich diese formiert haben, entstehen daraus meist bestimmte Teamregeln, Werte und eine klare Struktur, die die weitere gemeinsame Richtung vorgeben.

— Sobald diese Grundlagen gelegt sind, geht es im letzten Schritt an die Zielerreichung. Mit den vorangegangenen Themen wurde eine Basis geschaffen, von der aus nun alle im Team den ganzen Fokus auf die Leistungserbringung und Zielerreichung legen können.

Als ich mir diesen Prozess zum ersten Mal durchgelesen habe, kamen mir sofort Vergleiche aus meinen Mannschaften in den Sinn. Ich kam ins Grübeln, ob wir als Mannschaft gewisse Prozesse so durchdacht haben oder ob es zum Teil Zufall war, wie sich bestimmte Situationen und Phasen entwickelt haben. Wenn ich an die Mannschaft zurückdenke, die 2016 sowohl die Goldmedaille bei der Europameisterschaft als auch die Bronzemedaille bei den Olympischen Spielen gewonnen hat, so kann ich viele Parallelen erkennen. Das Trainerteam hat sich bestimmt nicht von vornherein einen solchen Prozess exakt überlegt, jedoch viele Gedanken dazu gemacht. Es lassen sich durchaus Transfers in diesem von Jenewein und Heidbrink veröffentlichten Prozess darstellen.

Dagur Sigurdsson hat bei seinem Amtsantritt im Jahr 2014 klar festgelegt, wie seine Mannschaft spielen soll und aus welchem Grund sie so spielen soll wie die „Bad Boys". Die Frage nach dem Sinn dieser Gemeinschaft war jedem klar, auch wenn er neu hinzukam. Das Trainerteam durchdachte die Personalauswahl und nominierte die Spieler, denen sie es sicher zutraute, ihre Vorstellungen bestmöglich umzusetzen. Die Teamfindung findet aus meiner Sicht sowohl innerhalb des Teams als auch im Zuge der Trainingseinheiten und Einsatzzeiten statt. Diese sind meistens davon abhängig, wie viel Vertrauen mir der Trainer schenkt und mit welchem Selbstvertrauen ich meine Aufgabe dann erledige.

Wie weiter oben bereits angedeutet, war Dagur nicht der Trainer, der extrem viel mit einem gesprochen hat. Wenn er allerdings etwas gesagt hat, wusste jeder genau, was zu tun ist und welche Aufgabe und Rolle er innehat. Für meine Person war es so, dass ich bei der Europameisterschaft in Polen wahrscheinlich einer der Spieler mit der geringsten Einsatzzeit war. Von insgesamt 490 möglichen Spielminuten stand ich gerade einmal 158 Minuten auf dem Platz. Bei 223 geworfenen Toren von Deutschland im gesamten Turnier habe ich genau 4 dazu beigetragen. Betrachtet man ausschließlich diese Zahlen, würde man meine Rolle nicht als wichtig erachten. Trotzdem war ich für die Taktik und die Spielsteuerung verantwortlich. Also dafür, wie erfolgreich wir unsere Angriffe spielen.

Alexander Bommes, Moderator bei der ARD, betitelte mich daher als das Gehirn der Mannschaft.

Rollen können durch die Ausrichtung des Trainers entstehen. Wichtig ist nur, diese anzunehmen und damit umzugehen. Die Rolle innerhalb des Teams spiegelt sich meiner Meinung nach dann ebenfalls wider. Unsere Werte und Regeln wurden von Beginn an durch unseren Namen „Bad Boys" klar kommuniziert und festgelegt und so innerhalb der Mannschaft auch verfestigt. Aus meiner Sicht entstehen hier die wichtigsten Grundlagen, damit man als Team überhaupt erst erfolgreich ist: Vertrauen und Respekt. Ohne diese beiden Faktoren wird es meiner Meinung nach schwer, persönliche und gemeinsame Bestleistungen abzurufen.

Zuletzt ging es an die Zielerreichung. Für die Weltmeisterschaft im Januar 2015 in Katar hatten wir uns bereits schon viel vorgenommen. Da wir dort nur aufgrund einer Wildcard am Turnier teilnehmen durften, wollten wir uns gegenüber der Weltelite nach schwachen Jahren im deutschen Handball beweisen. Wir spielten ein ordentliches Turnier und beendeten es auf dem 7. Platz. Der Anfang war also gemacht, und die gesamte Mannschaft wollte im nächsten Jahr mehr erreichen und rückte aufgrund unterschiedlicher Verletzungen von Leistungsträgern noch mehr zusammen. Es ist eine Mannschaft entstanden, die absolute Willenskraft verkörperte und kleinere Rückschläge immer gemeinsam kompensierte. So wurden wir erfolgreich.

Es ist natürlich subjektiv, solche theoretischen Grundlagen auf unsere damalige Mannschaft zu übertragen. Meiner Empfindung nach spiegelt sich aber vieles von dem wider und kann als Gerüst für erfolgreiche Teams herangezogen werden oder zumindest zum Nachdenken anregen.

Die daraus gewonnene Erfahrung ließ ich auch in der Zukunft immer wieder in meine Teams einfließen. Dass ich diese Erkenntnisse drei Jahre später erneut machen durfte und auch benötigte, ahnte ich zu diesem Zeitpunkt noch nicht, da ich 2016 nach den Olympischen Spielen mich dazu entschlossen hatte, zunächst nicht mehr für die Nationalmannschaft zur Verfügung zu stehen.

Mut zur Leistung

3

„Sobald du dir vertraust
sobald weißt du zu leben."

———————————————

Johann Wolfgang von Goethe

Viele werden vermuten, dass man nach so einem erfolgreichen Jahr 2016 mit dem Gewinn der Europameisterschaft und dem Erreichen der Bronzemedaille bei den Olympischen Spielen auf Wolke sieben schwebt.

In der Tat denke ich an diese besonderen Momente gerne zurück, und ich werde meinen Enkeln noch von diesen Erlebnissen erzählen. Vor allem von dem Gefühl, bei den Olympischen Spielen dabei zu sein und mit tausenden anderen Athleten seine Leidenschaft für den Wettkampf zu teilen. Egal woher man kommt, wie man aussieht oder wie gut man in seiner Sportart ist: Alle verbindet der Wille, die bestmögliche Leistung abzurufen. Alle vereint der Geist von Olympia.

Infobox: Olympische Spiele

Was macht den Reiz der Olympischen Spiele aus? Liegt es daran, dass ihre Ursprünge bis ins 2. Jahrtausend vor Christi zurückgehen? Hängt es mit den Zeremonien wie dem stimmungsvollen Entzünden der olympischen Fackel zusammen, deren Flamme in der Gastgeberstadt bis zum Ende der Veranstaltung brennt? Ist es das Motto „citius, altius, fortius" (lat.: schneller, höher, stärker), das zu Höchstleistungen auffordert?

Oder ist es die olympische Idee, die Pierre de Coubertin, der Vater der Olympischen Spiele der Neuzeit, in folgenden Worten zum Ausdruck bringt: „Das Wichtigste an den Olympischen Spielen ist nicht der Sieg, sondern die Teilnahme, wie auch das Wichtigste im Leben nicht der Sieg, sondern das Streben nach einem Ziel ist. Das Wichtigste ist nicht, erobert zu haben, sondern gut gekämpft zu haben." Er spricht damit die Idee an, im Sport wie im Leben das Beste zu geben, das im Hinblick auf ein Ziel jedem Einzelnen zur Verfügung steht: welch beflügelnder Gedanke!

Als Sportler ist es aus vielerlei Hinsicht das Ereignis schlechthin. Sich mit den Besten aus der ganzen Welt alle vier Jahre zu messen, ist an sich schon eine außergewöhnliche Sache. Plötzlich gehörte ich zu einem Kreis, den ich immer als etwas ganz Besonderes betrachtet hatte.

> Die Rituale und Zeremonien rund um das Ereignis sprechen die emotionale Seite an: Die Fackelweitergabe bis zur Entzündung im Stadion, aber auch der Einlauf der Länder berühren im Herzen.
>
> Als einer der rund 500 Athleten, die Deutschland entsendet hat, zusammen mit Sportlern aller Nationen im Einmarschtunnel zu stehen, ist schon beeindruckend. Noch ergreifender wird es kurz vor dem eigentlichen Einlauf, wenn alle Athleten des eigenen Landes die Nationalhymne anstimmen und hinaus ins mit 80.000 Zuschauern besetzte Stadion ziehen – ein unvergessliches Erlebnis.

Welt der Extreme

Mit unserem Rückflug von Rio nach Deutschland ging es sofort in die Vorbereitung auf die neue Saison, die Ende August schon begann. Es blieb keine Zeit, die Erfahrung der Olympischen Spiele ausführlich zu genießen. Ganz im Gegenteil: Es drängten die nächsten Ereignisse.

Meine Mannschaft hatte bereits Anfang Juli mit der Vorbereitung begonnen. Sie waren schon mehrere Wochen im Training. Ich bin in einer späteren Phase dazugestoßen. Schneller, als mir lieb war, war ich wieder im Alltag angekommen und musste weiterfunktionieren.

Das alleine wäre kein Problem gewesen – Profisportler sind darauf trainiert, Leistung abzurufen und zu funktionieren. Hier jedoch ging es eher um Meisterleistung, denn mein Verein kämpfte gegen den Abstieg aus der 1. Handballbundesliga.

Der Kontrast zwischen dem noch nicht verarbeiteten olympischen Erfolg und dem harten Brot des Vereinsalltags verlangte mir emotional große Flexibilität ab. Leider funktionierte das nicht gut, und ich befand mich innerhalb eines halben Jahres in zwei Extremwelten: zum einen auf dem olympischen Treppchen mit einer Bronzemedaille um den Hals, zum anderen im Abstiegsstrudel mit meinem Verein, für den ich so viel eingesetzt hatte.

„Alle verbindet der Wille, die bestmögliche Leistung abzurufen."

Zwei Welten

Wir nähern uns mehr und mehr dem Thema „Extreme", das dich über weite Strecken begleitet hat und noch begleitet. Hier zeigt es sich in der Diskrepanz zwischen dem Heimatverein und der Nationalmannschaft. Wie gelingt es dir, eine Brücke zwischen den Welten zu schaffen, und wie erlebst du die Auswirkungen auf deine Persönlichkeit?

Tatsächlich war es mit dem Titelgewinn der Europameisterschaft und der olympischen Medaille ein ereignisreiches Jahr. Dennoch war mir bewusst, dass Höhenflüge fehl am Platz sind. Denn wenn man es genau betrachtet, kommt man zu dem Ergebnis, dass wir in der Vergangenheit mit meinem Verein mehr Spiele verloren als gewonnen hatten.

Das Streben nach Verbesserung der Leistungen fällt also immer auf fruchtbaren Boden. Es gibt einfach keinen Raum und bei realistischer Betrachtung auch keinen Grund, in Hochmut zu verfallen.

Als ich nach den Olympischen Spielen zum HBW Balingen-Weilstetten zurückkam, traf ich auf eine veränderte Situation: neuer Trainer, neue Spieler, dadurch ein vollkommen verändertes Miteinander und genug Gelegenheit, wieder etwas aufzubauen. Die Medaillen lagen bei mir zu Hause im Schrank, und ich gab meine Energie in die Aufgabe im Verein.

55

Abstieg des eigenen Vereins

Nach schwachen Leistungen war das Ergebnis meines Vereins schließlich der Abstieg in die 2. Handballbundesliga. Das war ein sehr schwerer Rückschlag für mich und den Verein, der es geschafft hatte, mit geringen finanziellen Mitteln elf Jahre am Stück die Liga zu halten.

Sportlich ist es das oberste Ziel und natürlich auch ein Privileg, in der 1. Handballbundesliga zu spielen und sich mit Mannschaften wie dem THW Kiel, den Rhein-Neckar-Löwen, der SG Flensburg-Handewitt, dem SC Magdeburg oder einer der anderen Mannschaften zu messen.

> *„Für alle Beteiligten war der Abstieg*
> *ein schwerer Rückschlag."*

Neben diesem Aspekt, der allein schon schwer wiegt, ist für einen Verein nach dem Abstieg insgesamt ein großer Umbruch verbunden. Mitspieler verabschiedeten sich, weil sie nur Verträge für die 1. Handballbundesliga hatten oder die dem Abstieg geschuldeten finanziellen Einbußen nicht in Kauf nehmen wollten. Neue Spieler wurden eingestellt. Die Mannschaft musste sich wieder neu finden und sich aufeinander einspielen. Sponsoren zogen sich zurück oder reduzierten ihre Budgets, wobei unser Verein diese Entwicklung glücklicherweise gut abfedern konnte. Viele Sponsoren vertrauten auf unseren Wiederaufstieg. Für alle Beteiligten war es schwer. Am schmerzhaftesten war es jedoch, sportlich das Ziel nicht erreicht zu haben.

Viele Gedanken gingen mir in dieser Phase durch den Kopf: Woran hat es gelegen? Was lief falsch? Was war mein Beitrag – oder eben: Was habe ich nicht geleistet?

Erneute Selbstzweifel machten sich breit, und ich musste schließlich eine Entscheidung treffen, ob ich den Weg in die 2. Handballbundesliga mitgehe oder nicht. Ich bin kein Typ, der vor schwierigen Situationen flüchtet. Ich sah darin das Potenzial, meine Leistung erneut unter Beweis zu stellen, ein Projekt mitzuentwickeln, und ging deshalb gemeinsam mit der Mannschaft den Weg in die 2. Handballbundesliga mit.

Nach dem großartigen Jahr 2016 und nach so langer Zeit in der 1. Handballbundesliga trat ich in die 2. Bundesliga ein. Das war ungewohnt und wieder eine ganz neue Erfahrung. Jeder in der 2. Handballbundesliga wollte die ehemalig erstklassige Mannschaft, die einen Europameister und Bronzemedaillengewinner in ihren Reihen wusste, unbedingt schlagen. Die Vorberichte der Presse waren entsprechend ausgelegt. Wir waren ehrgeizig und ambitioniert. Es war eine ganz besondere und lehrreiche Zeit für mich und für das gesamte Team – einfach war die Situation jedoch nicht.

Das empfand auch der eine oder andere Mitspieler so. Die unterschiedlichen Charaktere reagierten sehr individuell darauf. Je nachdem, ob das gemeinsame Ziel im Vordergrund stand oder die eigenen Interessen, kam Neid auf, wenn jedes Hallenheft nur über den einen Spieler schrieb.

Mich persönlich haben solche Artikel nie interessiert. Es war mir immer wichtig, mich auf meine Leistung zu konzentrieren und meine Energie nicht zu verschwenden, sondern sie in die Mannschaft zu tragen. Ich bin jedoch davon überzeugt, dass diese unterschiedlichen Charaktereigenschaften und Sichtweisen innerhalb des Teams dazu geführt haben, dass wir im ersten Jahr nach dem Abstieg keine Rolle beim direkten Wiederaufstieg spielten.

Meine Rolle als Kapitän

Ich habe über die Erfahrungen berichtet, die ich während dieses Jahres gemacht habe. Sie gehörten zu den größten meiner gesamten Karriere. Ich war dankbar für diese Lehrstunden. Was für mich aber noch offen und gefühlt ausbaufähig war, war meine eigene Rolle im Team.

„Überlasse nichts dem Zufall!"

Oft habe ich darüber nachgesonnen, dass vor allem der Mensch im Mittelpunkt steht. Natürlich kann man ein gemeinsames Ziel teilen, muss es sogar. Das gesamte Team besteht allerdings aus vielen Individuen. Jedes von ihnen bringt eines oder mehrere eigene Ziele ein, die sich ins Gesamtziel aller einfügen müssen. Zunächst den eigenen Menschen zu sehen, dann dessen Ziele und all das ins Gesamte einzupassen, das schien mir der wesentliche Schritt, um uns als Team weiterzuentwickeln und voranzubringen. Es mag sich abstrakt lesen, ist aber doch praktisch gelebtes Wissen. Eine Mannschaft ist dann stark, wenn jeder seinen Charakter, seine Eigenschaften, seine Ziele im Sinne des Gemeinsamen einbringen kann und sich dadurch mit den anderen verbindet.

Nach diesen Lehrstunden habe ich meine Rolle als Kapitän neu definiert und gelebt. Denn im Team sah ich in dieser Phase, dass die Mannschaft mehr Führung benötigt, damit alle in eine Richtung gehen. Daran wollte ich arbeiten.

Ein Leitsatz, der daraus entstanden ist: ***Überlasse nichts dem Zufall!***

Gute zwei Jahre später besuchte ich ein Seminar über Kommunikations- und Führungspsychologie. Daraus habe ich bei dem Thema Führung einen wichtigen Satz mitgenommen: **Führung heißt, Dinge zu ermöglichen. Aber nicht, sie selbst zu tun!**

Und genau diesen Fehler habe ich in dem ersten Jahr nach dem Abstieg und auch zuvor hin und wieder gemacht. Ich dachte, wenn ich die Dinge selbst erledige und verantworte, sind sie gemacht. Doch genau diese Verantwortung bzw. der Druck, das zu tun, ist brutal. Aus der Überzeugung, nichts dem Zufall zu überlassen, wollte ich in Zukunft noch mehr abseits des Spielfelds kommunizieren und die Themen und Personen in die richtige Bahn lenken.

Während der letzten zwei Jahre habe ich mich intensiv mit den Themen Persönlichkeitsentwicklung, Führung, Teamerfolg und Kommunikation auseinandergesetzt. Wie weiter oben beschrieben, habe ich die langen Busfahrten genutzt, um Bücher darüber zu lesen oder mir Vorträge und Interviews anzusehen und anzuhören. Dieses Wissen und die Erfahrungen, die andere Menschen in ihrem Leben aus Sport, Wirtschaft und vielen weiteren Gebieten bereits gemacht haben, wollte ich nun verstärkt in meinen täglichen Umgang mit meinen Mitspielern einfließen lassen.

Es machte Spaß, gewisse Methoden auszuprobieren und zu schauen, ob sie etwas bewirken. Das war einfach ein gutes Gefühl. Warum? Weil ich gesehen und gespürt habe, dass es funktioniert. Ich überließ die Verantwortung in unterschiedlichen Bereichen mehr und mehr meinen Mitspielern. Ich wollte, dass jeder merkt, was es heißt, hier in diesem Verein zu spielen, und was dazu alles gehört. Wenn man lernt, Verantwortung außerhalb des Spielfelds zu übernehmen, wird man dies auch immer mehr auf dem Platz umsetzen.

Über den Tellerrand: Holger Fischer

Dies war eine sehr schwierige Zeit. Ich konnte nicht akzeptieren, dass ich von heute au
morgen so weit nach unten gelangt war und nicht wusste, wo man am besten ansetz
In dieser Phase, kurz vor dem Abstieg in der Saison 2016/2017, wollte der Verein natürlic
alles dafür tun, um in die Spur zurückzukommen.

Der Verein lud nach einem Training einen Coach und Berater ein, der uns in diese
Situation einen Impuls geben sollte. Sein Name war Holger Fischer. Holger arbeitet
schon längere Zeit mit Profisportlern im Tennis und der Fußballbundesliga zusammer
und wohnt in Balingen. Die Vorurteile – vor allem bei Mannschaftssportlern – gegenübe
solchen Menschen sind häufig sehr groß. Die meisten denken spontan: „Jetzt komm
wieder einer und hält uns einen Vortrag über Motivation, Ziele usw." Auch ich kannt
ähnliche Situationen, empfand es aber meistens als spannend, neue Sichtweiser
kennenzulernen. Doch dieses Mal war es anders.

Holger kam, und wir saßen in einer kleinen Runde zusammen. Ohne Powerpoint ode
Präsentationsequipment. Er hatte einen Papierbogen, auf dem er uns kurz etwas skiz
zierte und anschließend jeden von uns mit Fragen durchdrang. Diese Fragen warer
so gezielt und spezifisch, dass man hätte denken können, er kenne die Person genau
Dabei hatte er nur ein einziges Spiel von uns im Vorfeld gesehen und analysiert. Ich wa
so beeindruckt, dass ich ihn am Folgetag direkt kontaktierte, um ein Einzelgespräch zu
vereinbaren, weil ich mehr wissen und auch in meiner Person tiefer ansetzen wollte. Sei
diesem Moment arbeite ich mit ihm zusammen, und in dieser Zeit hat sich einiges, abe
vor allem ich selbst habe mich enorm weiterentwickelt.

Doch wie haben die Zusammenarbeit und das Coaching damals ausgesehen? Wie weite
vorne im Buch schon erwähnt, geht es meistens nicht um die Hauptaktivität der Person
In meinem Fall wäre dies der Handballsport. Wir sprachen weniger darüber als vielmeh
über mich, meine Umgebung, meine Gedanken zu bestimmten Themen und erarbeiteter
somit mein Selbstbild.

Mit der Wahrnehmung dieses Selbstbilds analysierten wir nun in mehreren Schritten die
aktuelle Situation, um dadurch Probleme herauszufinden und zu betrachten. Wir wollter
als Mannschaft gemeinsam wieder erfolgreich sein, und dabei spielte ich eine zentrale
Rolle – nicht nur sportlich.

Kommunikation war ein wichtiges Thema. Ich sprach selbstverständlich mit meiner
Mitspielern und versuchte alle zu erreichen. Aber ist das wirklich möglich, innerhalb weniger

Sekunden auf dem Spielfeld? Und kommt die Botschaft bei allen gleich an? Heute weiß ich, dass dies nicht so ist. Je nach Person und Charakter nimmt jeder Mensch Botschaften unterschiedlich auf. Wir erarbeiteten zusammen ein Modell, wie ich gezielt meine Botschaften in der Mannschaft und bei unterschiedlichen Spielern platzieren konnte.

Dies war auch eine Art Öffnung meiner Person. Um neue Wege zu gehen, musste ich mich mehr öffnen und Informationen bewusster wahrnehmen. Dies bedeutete, Gespräche anders zu führen und sie verstärkt zu suchen. In manchen Phasen verlangt dies Überwindung, und das war der nächste Punkt. Es ist okay, dass man vor bestimmten Themen, Situationen, Fehlern oder möglichen Auswirkungen Angst hat. Wichtig dabei ist, diese Angst für sich zu akzeptieren und somit ruhiger und gelassener seine Aufgaben anzugehen. Der Fokus, der sich daraus entwickelt, ist ein ganz anderer, und man reduziert das eigene Stresslevel.

Die Sensibilität, die solche Situationen erfordern, war ein weiterer Punkt. Wann spreche ich was an? Vertraue ich auf mein Bauchgefühl oder überlasse ich es dem Zufall? Dazu gehört der Mut, Themen klar zu benennen, auch wenn sie unbequem sind oder auf den ersten Blick unwichtig scheinen. Immer galt es mein Selbstbild und meine Rolle zu vertreten und mich nicht zu verstellen. Nach einigen Sitzungen innerhalb eines halben Jahres bemerkte ich eine Entwicklung bei mir, die sich auch auf die Mannschaft auswirkte.

Schon waren wir beim nächsten Thema. Auf eine solche Entwicklung darf eine Person auch stolz sein. Eine Aufforderung insbesondere an mich, dies war nämlich nicht mein Spezialgebiet. Wie wir darauf kamen? Das Jahr 2016 war sportlich das erfolgreichste meiner Karriere. Ich erhielt zwei Medaillen, die mir innerlich sehr viel bedeuteten, aber ich war nicht „stolz genug" darauf. Woran ich das merkte? Ich erzählte Holger, dass sie immer noch in dem Schrank bei mir zu Hause lagen, in den ich sie nach meiner Rückkehr gelegt hatte. Vielleicht wollte ich eine gewisse Bodenständigkeit dadurch erlangen, um mich auf die Aufgaben in meinem Verein zu konzentrieren. Das war sinnbildlich für mich. Es brachte mir allerdings keinen Stolz und somit auch kein Selbstvertrauen für neue Aufgaben. Heute hängen die zwei Medaillen der Europameisterschaft und der Olympischen Spiele schön eingerahmt in unserem Wohnzimmer, und ich sehe sie jeden Tag.

Seit der Zusammenarbeit mit Holger fand eine Entwicklung meiner Person und meines Charakters statt, die sich unmittelbar auf meine Leistungen auf und neben dem Platz auswirkte. Diese Entwicklung und die Ansichten halfen mir auch, meine schwere Verletzung bei der Handballweltmeisterschaft 2019 zu verarbeiten und die Sichtweise von Beginn an zu öffnen.

Im zweiten Jahr nach dem Abstieg in die 2. Handballbundesliga ging ich mit einem ganz anderen Fokus in die Saison. Natürlich war ich ambitioniert, dass das sportliche Ergebnis Aufstieg heißt. Das Ziel, um das zu schaffen, war klar: **eine Einheit, die vertrauens- und respektvoll miteinander umgeht und alles dafür tut, zusammen erfolgreich zu sein.**

„Der Kapitän ist Lokomotivführer und Flugzeugkapitän."

Führung – was heißt das?

Nun sind wir bei der Rolle des Kapitäns angelangt. Wie erlebst du das Thema „Führungsspieler"?

Kapitän einer Mannschaft muss nicht unbedingt der Spieler sein, der im Durchschnitt die beste Leistung abruft. Er muss aber erkennen, welche Personen das sind. Diese werden von ihm gepusht und unterstützt. Er knüpft die Fäden zwischen ihnen, hält sie zusammen und ist Vorbild. Hier beschreibe ich den Idealfall. Wäre dieser häufig anzutreffen, wäre der Zusammenhalt in so mancher Mannschaft gefestigter, davon bin ich überzeugt.

Früher herrschte die Meinung vor, man brauche Spieler, die möglichst enthusiastisch und kämpferisch sind, also immer mehr im Vordergrund stehen. Ja, das stimmt. Aber wir brauchen auch Spieler, die das Spiel und die Menschen verstanden haben und bereit sind, selbst für einen Moment zurückzutreten, um einem anderen Mitspieler in dieser Spielsituation den Vortritt zu lassen. Das hat nichts mit Machtverlust zu tun, sondern eher mit emotionaler Intelligenz und dem intuitiven Erfassen der Team- wie auch der Spieldynamik.

Daneben ist die Vorbildfunktion für die jüngeren Spieler wichtig. Die jüngsten Spieler unserer Mannschaft sind gerade 18–20 Jahre alt. Bei den älteren Spielern und beim Kapitän schauen sie sich ab, wie die Gruppendynamik funktioniert, wie sich einer für den anderen einsetzt, wie wir uns gegenseitig pushen oder wie man seinen Alltag als Profi bestreitet. Als Führungsspieler muss ich aber auch sehen, wie ich sie gut in die Mannschaft einbinde und in welchen Situationen ich das Gespräch mit ihnen suche. Mehr noch: Ich versuche, jeden so anzusprechen, dass er mich versteht. Was auch bedeuten kann, dass der Ton von Person zu Person unterschiedlich sein muss.

Man könnte sagen: Der Kapitän ist Lokomotivführer und Flugzeugkapitän. Lokomotivführer, weil er vorangeht, das Team zusammenhält und es mitzieht. Er scheut sich nicht, zum Abklatschen quer über den Platz zu gehen, um einem Mitspieler Anerkennung und Wertschätzung zu zeigen. Und er ist bereit, sich selbst herauszunehmen. Sei es, indem er sich einfach etwas zurücknimmt, sei es, um sich eine kurze Pause zu gönnen, einen Moment lang das Spiel zu beobachten, sich wieder zu zentrieren und mit neuer Kraft zurückzukommen.

Denn schließlich ist er auch mit einem Flugzeugkapitän vergleichbar: Gebraucht wird er beim Start, bei der Landung und in brenzligen Situationen. Einen großen Teil des Fluges können aber genauso der Co-Pilot und der Autopilot bestreiten. Mit anderen Worten: Das Vertrauen in die Mitspieler ist enorm wichtig!

Trainer und Team

Es tat gut, mich mit diesen Themen näher zu beschäftigen und mich damit auseinanderzusetzen. Natürlich muss sportlich alles passen, aber wenn man als Team erfolgreich sein will, muss nicht nur jeder Einzelne funktionieren und seine Leistung abrufen. Vielmehr kommt es in kritischen Phasen auf das gesamte Team an. Diese Entwicklung lässt sich steuern, extern wie intern.

Was meine ich damit? Mit extern sind alle Personen gemeint, die verantwortlich dafür sind, wie das Team für die bevorstehende Aufgabe auszusehen hat. Im Mannschaftssport ist das der Trainer in Verbindung mit der Vereinsführung. In Unternehmen sind es der Geschäftsführer, der Abtei-

63

lungsleiter, der Bereichsleiter, die Personal-, Projekt- oder Teamleiter, die im Vorfeld Personen auswählen. Die Verantwortlichen stellen sich also ein Team zusammen, von dem sie überzeugt sind, dass es die bevorstehende Aufgabe, das Projekt, die Saison etc. erfolgreich meistern wird.

„Erfolg? Es kommt auf das gesamte Team an. Auf jeden Einzelnen."

Das Team selbst ist individuell. Keine Mannschaft funktioniert genau wie eine andere. Jeder Plan kann daher nur ein grobes Raster sein, das an die vorliegende Situation angepasst werden muss. Pläne, Rollen, Mechanismen, Systeme, die am Schreibtisch erdacht, aber nicht exakt auf dieses spezielle Team zugeschnitten sind, können auf lange Sicht nicht zum Erfolg führen.

In jeder Mannschaft gibt es Rollen, die belegt und bestmöglich ausgeführt werden sollten. Sie werden auf die Teammitglieder je nach Leistung, Charakter, Talent und Spielanlagen verteilt und feinjustiert. Diese internen Prozesse steigern die Leistungsfähigkeit des Einzelnen.

Da alles klar geregelt ist, jeder seinen Platz im Team kennt und sich gut orientieren kann, kommt es kaum zu Energieverlusten, die bei unklarer Rollenverteilung entstehen würden. Sobald das Team steht, lassen sich Systeme integrieren. Damit sind beispielsweise kleine Ämter oder Aufgaben, auch Patenschaften, gemeint, die die Werte und Regeln des Vereins transportieren.

Bei uns im Verein übernimmt beispielsweise immer ein alter Spieler die Patenschaft für einen neuen. Dadurch sind Austausch und direkter Bezug gewährleistet. Das sind Systeme, die auf das Spielfeld übertragen werden können, um zu wissen, welche Taktik wann gespielt wird, ohne dass man es allzu oft erklären muss.

Man muss sich eben nicht mehr um alles kümmern oder fühlt sich nicht für alles bis ins Detail verantwortlich. So war das bei mir. Meine Leistung entwickelte sich wieder beständig, und ich hatte gemeinsam mit meinem Team Spaß daran, Woche für Woche Handball zu spielen und Schritt für Schritt voranzugehen, um unsere Ziele zu erreichen.

Rollen im Team

Wie gelingt es euch im Verein, alle Spieler zu Wort kommen zu lassen und alle einzubinden?

Früher war es oft so, dass jemand bei einer Besprechung eine Frage gestellt hat und nur wenige geantwortet haben. Die anderen blieben abwartend und stumm. Dieses Phänomen kennt bestimmt jeder, der mit Gruppen oder Teams zu tun hat. Bevor ich etwas Falsches sage, schweige ich lieber. Wie der Mensch eben aus seinem Inneren heraus in Stresssituationen reagiert: Entweder er geht in Flucht oder Angriff über, oder er stellt sich „tot" und verhält sich so, als sei er nicht da.

Doch das ist in meinen Augen nicht der richtige Ansatz, um in einem Team erfolgreich zu sein. Jede Meinung ist bedeutungsvoll und ist es wert, gehört zu werden.

Inzwischen hat es sich sehr verbessert. Das ist wichtig, denn unser Team setzt sich aus völlig verschiedenen Menschen zusammen.

Hier haben wir im Sport aus der Wirtschaft gelernt, denn wir haben bei uns inzwischen regelmäßige Meetings mit dem sogenannten Mannschaftsrat eingeführt. In festgelegten Abständen treffen wir uns zu kleinen Teamsitzungen. Wir besprechen die vergangenen Wochen und überlegen gemeinsam, was wir besser machen können und worauf wir in Zukunft achten müssen.

65

> Die Gespräche, die dann mit der gesamten Mannschaft stattfinden, sind so gesteuert, dass jeder die Chance hat, sich zu Wort zu melden und seine Themen einzubringen. Natürlich steht der Einzelne mit dem einen oder anderen Mitspieler stärker im Austausch, aber um alle anzusprechen, hat es sich bewährt, auf unsere regelmäßigen Treffen zurückzugreifen.

Unerwarteter Anrufer

Nach einem holprigen Start in die Saison entwickelten wir uns als Team so weiter, dass wir unsere Leistungen Woche für Woche verbesserten. Dadurch kletterten wir in der Tabelle immer weiter nach oben. Bis zum Kreis der Aufstiegskandidaten arbeiteten wir uns schließlich voran. Wir ließen uns durch die anfänglichen Niederlagen und Punktverluste nicht von unserem Konzept abbringen und behielten unser gemeinsames Ziel im Auge. Auch meine Leistung steigerte sich in diesem Prozess.

Körperlich war ich in einem besseren Zustand, aber vor allem die Themen außerhalb des eigentlichen Spiels hatte ich vorangetrieben. Damit meine ich, dass ich meine Fähigkeit weiter ausgebaut hatte, die anderen um mich herum deutlicher wahrzunehmen und im Blick zu behalten. Ich achtete stärker darauf, die anderen Spieler zu integrieren, sie heranzuführen, Verantwortung zu übergeben und auch übernehmen zu lassen, sie in die Verantwortung hineinzubringen. Das führte dazu, dass ich mich selbst besser fühlte und während der Zeit auf dem Platz effektiver agierte.

Meine reine Spielzeit war nicht länger, das kann ich sicher sagen. Wir hatten eine gute Breite im Kader, sodass wir oft wechseln konnten. Aber wenn ich auf dem Platz war, war mein Spiel effektiv. Genauso war es bei den anderen. Ich befand mich einfach auf einem höheren Niveau, weil ich andere Themen vorangebracht und die Entwicklung der anderen Spieler auf dem Spielfeld gesehen habe.

Mit meiner Gesamtentwicklung muss ich wohl die Aufmerksamkeit des damaligen Bundestrainers Christian Prokop auf mich gezogen haben. So kam es, dass ich eines Nachmittags mit meiner Frau im Auto saß, als eine unbekannte Nummer auf dem Display erschien. Wir waren gerade in einem Gespräch, weshalb ich zunächst zögerte, den Anruf überhaupt anzunehmen.

„Ich achtete stärker darauf, meine Mitspieler zu integrieren und in die Verantwortung zu führen."

Schließlich nahm ich über die Freisprecheinrichtung doch ab und war überrascht, als sich Christian meldete. Ich hatte eigentlich seine Nummer, da wir nach seinem Amtsantritt 2017 schon einmal kurzen Kontakt hatten. Damals war jedoch nicht genug Zeit vergangen, um die Pause, die ich nach den Olympischen Spielen 2016 eingeleitet hatte, zu beenden. Ich brauchte diesen Schnitt, um die Belastung meiner Achillessehnen auszugleichen und mich körperlich wieder voll leistungsfähig zu fühlen.

Das Telefonat war damals völlig anders als jetzt in diesem Fall. Nach anfänglichem Small Talk kam er zur Sache und teilte mir seine Gedanken mit, mich beim nächsten Kurzlehrgang einzuladen und zu testen. Wir hatten September 2018, und somit ging nun alles auf die Heimweltmeisterschaft im Januar in Deutschland und Dänemark zu.

Zunächst einmal war ich überrascht, da ich seit langer Zeit nichts mehr gehört und mit dem Thema innerlich schon abgeschlossen hatte. Es waren immerhin zwei Jahre seit meinem letzten Länderspiel vergangen,

67

und genauso lang war ich mittlerweile in der 2. Handballbundesliga aktiv. Eigentlich alles andere als gute Voraussetzungen, um für die Nationalmannschaft nominiert zu werden und die Chance zu bekommen, bei einer Heimweltmeisterschaft zu spielen.

Genau in diesem Moment, da ich diese Szene beschreibe und noch einmal Revue passieren lasse, bekomme ich – wie bei den Worten des Bundestrainers – Gänsehaut. Es hat mich also emotional gepackt und tut es immer noch. Meine Frau sah dies, und ich denke, ihr war sofort klar, wie ich mich entscheiden würde.

„Die Entscheidung war rasch getroffen."

Ich bat Christian trotzdem um eine Bedenkzeit, da alles einfach sehr überraschend kam. Als aktiver Spieler eine Heimweltmeisterschaft zu spielen, ist ein riesiges, wenn nicht sogar ein einmaliges Erlebnis. Mir gingen Vorstellungen und Bilder durch den Kopf, und somit mussten wir zu Hause nicht lange besprechen, welche Chance dies für mich bedeutete.

Zwei Tage später rief ich den Bundestrainer an und teilte ihm mit, dass ich seinen Vorschlag annehmen und für die kommenden Europameisterschaftsqualifikationsspiele bereitstehen würde. Es war eine unglaubliche Gelegenheit, die sich mir nun noch einmal bot. Ich wollte sie annehmen und nutzen. Für diese Herausforderung benötigte ich Leistung, aber vor allem auch eine Portion Mut, dies zu tun!

Mut und Selbstvertrauen

Dieses Kapitel berichtet von Selbstzweifeln und von Mut. Auch hier kommt das Thema „Extreme" wieder zum Tragen, denn die Spanne zwischen beiden Emotionen ist weit. Um es kurz und bündig zu sagen: Kannst du formulieren, wie es dir gelang, dich auf die Seite des Mutes zu stellen?

Ich glaube, der Mut kommt über die Emotion. Es hat mich berührt, ein Turnier vor den eigenen Fans zu spielen und sich mit den besten Spielern der Welt zu messen. Es war die Leidenschaft geweckt, mich in etwas mit Haut und Haaren, also sozusagen mit jeder Körperzelle hineinzuwerfen. Auch – wie weiter vorne im Buch schon beschrieben – die Möglichkeit zu bekommen, einen Traum wahr werden zu lassen.

Aber klar: Die Fragen stellten sich schon für mich, wie die Mitspieler reagieren, wie ich ins Spiel komme. Die ersten Trainingseinheiten waren sehr wichtig, und jede positive Rückmeldung hat geholfen.

Wenn ich zurückdenke, gab es eine Trainingseinheit, die wir gemeinsam richtig gut bestreiten konnten. Wir waren im Flow, haben uns gegenseitig ergänzt und gestärkt. Ich hatte das Gefühl, mich gut einbringen und der Mannschaft Kraft geben zu können.

Das erzeugte etwas, das ich als Wow-Effekt bezeichnen würde. Damit meine ich die innere Überzeugung, dass ich durch Leistung allen bewiesen habe, dass es richtig war, sich für mich zu entscheiden. Wer an mir gezweifelt hatte, konnte spätestens jetzt sehen, dass sich das Vertrauen in mich gelohnt hatte. Diese innere Gewissheit gab mir wiederum Mut für die kommenden Aufgaben.

Die beiden Qualifikationsspiele kamen mir sehr entgegen, da in einem Spiel die Trainingseinheiten besser umgesetzt werden können und es reale Wettkampfbedingungen sind. Dabei kann auch Stress entstehen. Dies muss nicht immer negativ sein, denn unter Stress lernt man die Menschen am besten kennen.

Die Woche verlief gut, und ich hatte ein sicheres Gefühl durch meine in dieser Zeit gezeigten Leistungen. Es war noch nicht alles perfekt und auf

Topniveau, aber es war ein Anfang, und für mich war es wichtig zu sehen, wo ich stehe und welche Leistungen ich im Kreise der Nationalmannschaft abrufen kann. Es ging natürlich auch darum, sich zu zeigen und durchzusetzen. Darauf gehe ich im nächsten Kapitel näher ein.

Verhältnis Trainer und Mannschaft

In dieser ersten Woche im Kreis der Nationalmannschaft ahnte ich erst langsam, dann in zunehmendem Maße, dass das Verhältnis zwischen Trainer und Mannschaft noch nicht ganz optimal eingestellt war. Wie kam es dazu?

„Das Team musste noch stärker zusammenwachsen."

Das erste Turnier, das Christian Prokop als Trainer begleitete, war die Europameisterschaft 2018 in Kroatien. Die Erwartungen an die Titelverteidiger von 2016 waren hochgeschraubt. Das Turnier selbst verlief jedoch nicht gut, die Mannschaft blieb hinter den eigenen Erwartungen zurück. Sie schied gegen Spanien, den späteren Europameister, in der Hauptrunde aus und beendete das Turnier auf dem neunten Platz.

Im Vorfeld und während des Turniers wurde mehr über die Nominierungen und Entscheidungen des Trainers berichtet als über die Spiele an sich. Da ich nicht selbst Teil der Mannschaft war, kann und will ich darüber nicht urteilen.

Fakt ist, dass sich die Enttäuschungen und unerfüllten Erwartungen in gewisser Art und Weise auf das Verhältnis zwischen Trainer und Team niedergeschlagen hatten. Da ich diesen Mannschaftssport bereits einige Jahre ausübte und einige Erfahrungen gesammelt hatte, waren meine Sinne geschärft. Ich spürte in dieser ersten Woche, dass noch nicht alles geklärt ist; Trainer und Spieler waren nicht wirklich frei. Da ich von außen „neu" und mit unverstelltem Blick hinzukam, offenbarte sich mir die Situation vielleicht deutlicher.

In diesem Moment wurde mir bewusst: Wenn dieses Team, ob mit oder ohne mich, eine erfolgreiche Heimweltmeisterschaft spielen will, muss ein Prozess stattfinden, der alle in dieselbe Richtung lenkt.

Ohne Frage ist eine Weltmeisterschaft vor eigenem Publikum Motivation genug, gemeinsam erfolgreich zu sein. Wenn man allerdings in unterschiedliche Richtungen geht, kommt man nie zusammen ans Ziel. Da ich mich selbst als Teamplayer sehe, war für mich klar, dass wir hier gemeinsam ebenfalls ansetzen müssen und dass sich nicht jeder einfach nur auf sein eigenes Können konzentrieren sollte. Neben meiner sportlichen Leistung wollte ich verstärkt meinen Charakter und meine Erfahrung ins Team einbringen, damit wir als Einheit erfolgreich werden konnten.

„Kommunikation war wichtig: Wir stimmten uns bestmöglich ab."

Es gab also viel zu tun, und die Herausforderung für mich wurde damit noch größer, da ich in meiner Position als Mittelmann und Spielmacher eine wichtige Schnittstelle zwischen Trainer und unserem taktischen Spielsystem bin. Auf dieser Position ging ich bei fast jedem Training in Kommunikation: beim Angriffstraining, beim Abwehrtraining, wenn es in den Gegenstoß geht.

Immer ist es wichtig, die Taktik gut abzustimmen und mich mit dem Trainer über unsere Sichtweisen auszutauschen. Oft schauten wir vor oder nach dem Training noch eine Videosequenz an, um zu überlegen, was besonders gut funktionieren kann und was eher nicht.

Die Schnittstelle zwischen Trainer und Spielmacher erfordert deutlich mehr Kommunikation als andere. Der Austausch ist unabdingbar, um zu wissen, was der andere denkt – ebenso wie den Mut zu haben, immer wieder nachzufragen, wie er etwas haben möchte.

Ein geschlossenes Team

Wie wird das Team zum Team?

Was eindeutig ist: Ein geschlossenes Team ist gekennzeichnet durch ein unbedingtes gemeinsames Wollen und einen tiefen Sinn dahinter.

Vieles hängt mit der Trainerpersönlichkeit zusammen und mit den Fragen: Wie verknüpft sich der Trainer mit der Mannschaft oder dem Verein, und wie gibt er das Zugehörigkeitsgefühl weiter? Die Trainer können oft eine große Nähe zum Team herstellen, können aber auch auf Distanz gehen. Sie binden die Spieler dadurch ein, dass sie einerseits schonungslos auf Fehler hinweisen, die sie aus der distanzierten Perspektive deutlich erkennen, dass sie andererseits aber den Spieler durch Vertrauen und positive Rückmeldung integrieren.

Der Trainer sieht jeden Spieler in einer bestimmten sportlichen Rolle. Jeder muss sich führen lassen. Sich auf eine gemeinsame Idee – wie zum Beispiel in der Nationalmannschaft auf das Sinnbild der „Bad Boys" – einzuschwören, hilft dabei, alle auf ein Level zu bringen und den Teamgeist hervorzuheben.

Weitere Nominierung und die Kritik

Es folgte eine weitere Nominierung für den Lehrgang im Dezember in Rostock. Immer schneller ging es nun Richtung Weltmeisterschaft. Nach und nach wurde der Kader enger. Da einige Journalisten und Experten diese Nominierung schon als Fingerzeig für den Kader zur Weltmeisterschaft sahen, kamen nun vermehrt auch kritische Stimmen bei meiner Nominierung auf.

Oberflächlich betrachtet mögen es keine Topvoraussetzungen für ein Team gewesen sein, das hohe Ziele hatte. Für viele war es nicht nachvollziehbar, wie ein Spieler aus der 2. Handballbundesliga das Spiel auf diesem Niveau und bei solch einem wichtigen Turnier lenken und steuern sollte. Schließlich nennt Deutschland seine 1. Handballbundesliga „die stärkste Liga der Welt". Und aus dieser mit 18 Mannschaften bestückten Bundesliga soll es keinen anderen Spieler geben, der diese Rolle für solch ein Turnier übernehmen kann? Sodass man eher auf einen zwar erfahrenen, aber dennoch in der 2. Bundesliga spielenden Spieler zurückgreift?

„Die Meinung der anderen
musste ich ausblenden."

Ich nahm diese Aussagen wahr, hatte im Vorfeld schon damit gerechnet. Die sozialen Medien verbreiten Meinungen in Windeseile, und es ist fast unmöglich, ihnen zu entkommen. Die eigene Haltung und Sichtweise und die Überzeugung, mit der diese in die Welt getragen werden, helfen in solchen Situationen. Denn die Meinung von Außenstehenden darf in diesem Moment nicht interessieren.

73

Hier war einerseits eine gewisse Abgrenzung nach außen nötig, um die Meinung anderer nicht zu sehr an mich heranzulassen, gleichzeitig musste ich aber auch die nötige Standfestigkeit besitzen, um keine Selbstzweifel von innen heraus entstehen zu lassen. Die richtige Mitte in solchen Situationen zu finden, ist nicht einfach.

Mir hat es geholfen, mich auf das Prinzip der Anspannung und Entspannung einzulassen. Anspannung war in diesem Fall der Druck und die Kritik von außen. Als Leistungssportler ist mir klar, dass es eine gewisse Erwartungshaltung gibt. Diese wird allerdings von außen oft mit negativen Einflüssen verbunden. Sätze, die mit „Du musst …" beginnen, tauchen plötzlich ständig auf. Ich selbst aber habe einen Anspruch, und dieser dreht das Ganze für mich ins Positive. Dann lautet es für mich mehr so: „Ich möchte …" Die Anspannung war somit mein eigener Anspruch, den ich mit dem Vorhaben verbunden habe.

Durch den Spaß am Spiel, die Lockerheit untereinander und die Vorfreude auf das Turnier kam die nötige Entspannung, um alles wieder in Balance zu bringen.

Kritik konstruktiv sehen

Allgemein hat mich Kritik immer mehr angespornt, als dass sie mich nach unten gezogen hätte. Ich betrachtete sie oft als konstruktiv.

Mein ehemaliger Trainer, Dr. Rolf Brack, sagte einmal: „Wenn ich dich nicht mehr kritisiere, ist es zu spät." Er meinte damit, dass er mich mit seiner Kritik besser machen wolle. Im Umkehrschluss bedeutete dies, wenn er nichts mehr zu mir sagt, hat er die Hoffnung auf eine Verbesserung aufgegeben.

„Ich konnte nur meine eigenen Leistungen und mein Denken beeinflussen."

Ich bin dankbar, solche Erfahrungen in jungen Jahren gemacht zu haben, auch wenn diese teilweise hart und alles andere als einfach waren. Dadurch konnte ich ähnliche Situationen in der Zukunft besser meistern und einordnen. Somit sah ich die Kritik von außen sehr entspannt. Was hatte ich zu verlieren?

Ich freute mich, diese Chance zu bekommen und die Herausforderung anzunehmen. Natürlich war es mein Ziel, Teil des Teams zu sein. Die Entscheidung darüber lag aber beim Bundestrainer. Ich konnte nur meine eigenen Leistungen und mein Denken beeinflussen. Ob ich damit zufrieden war, sah und spürte nur ich.

Dabei fühlte ich mich gut, und das gab mir eine innere Ruhe. Wenn es nicht für eine Nominierung gereicht hätte, hätte ich eine weitere Erfahrung in meinem Leben gemacht gehabt. Dies macht mich mit Sicherheit nicht schlechter. In diesem negativen Fall hätte ich neue Erkenntnisse daraus gewonnen und mir ein neues Ziel gesucht.

Ich glaube, das ist es, was Leistungssportler oft von anderen Menschen unterscheidet. Oftmals haben sie nicht die Zeit, sich über die negativen Auswirkungen von Fehlschlägen Gedanken zu machen. Entweder geht der Wettkampf oder die Saison so schnell wieder weiter, oder es kommt ein anderes Ziel, das schon fest im Blick ist.

Kritik vorbeiziehen lassen

Interessanter Gedanke, Kritik erst gar nicht an sich heranzulassen, sondern immer nach vorne zu blicken und voranzugehen. Hast du ein paar Tipps, wie das gut gelingen kann?

Die beste Erfahrung habe ich damit gemacht, Kritik anzunehmen, mir dazu Gedanken zu machen, um sie dann ganz bewusst auszublenden, und zwar gute wie schlechte. Ich lese wenig und spreche nur mit Personen darüber, von denen ich weiß, dass ich eine ehrliche Meinung bekomme.

Im Grunde versuche ich, alles in Ruhe weiterziehen zu lassen, was an „Meinung" von außen an mich herangetragen wird. So finde ich am leichtesten meinen Frieden und kann mich am besten schützen. In gewisser Weise schalte ich mich damit teilweise von den Medien ab.

Vielleicht mag man es auf den ersten Blick nicht vermuten, aber gute Kritik ist nicht leichter zu verdauen als schlechte. Ganz im Gegenteil: Natürlich hilft sie dem Selbstvertrauen. Dadurch bringt gute Kritik uns jedoch innerlich in eine Erwartungshaltung uns selbst gegenüber und verleitet uns dazu, in Zufriedenheit zu verfallen. Das gilt für alle Menschen, nicht nur für uns Sportler.

Mit dieser Einstellung ging ich in die letzten Lehrgangstage hinein. Die Zeit bis zur Weltmeisterschaft wurde knapper, und die finale Nominierung für den Kader stand unmittelbar bevor. Möchte man Teil eines solchen Teams sein und sich einen Traum erfüllen, muss man Durchhaltevermögen mitbringen.

Vor diesem Turnier habe ich schon einige internationale Turniere bestreiten dürfen. Ich war nicht immer im Stammkader und wusste, wie es sich anfühlt, die Heimreise anzutreten oder die Spiele von der Tribüne aus zu beobachten. Diese Erfahrungen des „Scheiterns" haben mich so beeinflusst, dass ich für kommende Aufgaben noch mehr investieren und mich durchsetzen wollte. Dies ist sowohl im Team als auch nach außen, vor allem bei dieser Heimweltmeisterschaft, nicht einfach gewesen. Aber es hat sich gelohnt.

Emotionen richtig einordnen

In den letzten beiden Kapiteln ist viel von Emotion die Rede. Sport ist Emotion!

Emotionen machen uns glücklich und wütend, sie verschaffen uns Freude und Leid, steuern unsere Angst und unseren Mut. Sie überrollen uns, bis wir lernen, sie zu bändigen. Als Motivation und Zielkraft sind sie unabdingbar für uns und nehmen Einfluss auf unsere Antriebskraft. Wie kann es sein, dass wir es so schwer haben, sie zu zähmen und für uns nutzbar zu machen?

Nach einem Modell von Paul D. MacLean können wir uns das Gehirn als dreigeteilt vorstellen. Es besteht aus einem evolutionär frühen Anteil, dem sogenannten Reptilienhirn, das unsere Instinkte und Reflexe steuert. Auf dieses folgte entwicklungsgeschichtlich das limbische System, in dem eben unsere Emotionen verankert sind. Es reguliert unsere Gefühle und die Aggressionsbereitschaft. Auch das Lernen wurde mit der Ausbildung dieses Gehirnteils möglich. Doch erst mit der Entwicklung des Neokortex, der evolutionär später entstand, wurden Säugetiere in die Lage versetzt, einsichtig und kreativ zu handeln. Wir müssen also lernen, mit unseren älteren Hirnanteilen umzugehen und unsere Emotionen zwar zu leben, sie aber der sachlichen Betrachtung unterzuordnen.

Im sportlichen Kontext empfand ich es immer als positiv, wenn Menschen und Spieler emotional waren. Das lieben auch die Zuschauer und Fans. Es gibt dir als Spieler Antrieb, setzt Energie und Reserven frei. Emotionale Momente, magst du sie in der Realität oder in der Visualisierung erleben, berühren dich so, dass sich daraus ein Zielbild entwickeln kann. Die Emotionen werden sozusagen sachlich in hilfreiche Bahnen gelenkt. Dieses emotionale Zielbild dient dann dem einzelnen Spieler, aber auch dem gesamten Team. Denn gemeinsam wurde etwas erreicht, und an diesen Erfolg knüpft die gesamte Mannschaft in ihrem Erleben an.

Manchmal kommt man allerdings an einen Punkt, an dem man aufpassen muss, dass man diese Linie nicht überschreitet und dass man seine Emotionen unter Kontrolle hält. Sonst geht der Fokus aufs Wesentliche verloren. Man ist gemäß Tim S. Grover, einem amerikanischen Personaltrainer großer Basketballspieler wie Michael Jordan, aus der „Zone": *„The fastest way to tumble out of the zone is to allow emotions to drive your actions."*

Am Höhepunkt durchsetzen und Respekt erarbeiten

4

„Mach dir mehr Gedanken über deinen Charakter als über deinen Ruf, denn dein Charakter ist, wie du wirklich bist, während dein Ruf nur das ist, was andere über dich denken."

John Wooden

Auf einmal war ich mittendrin in der Vorbereitung auf die Weltmeisterschaft 2019. Vor gut einem Jahr hatte ich noch den Gedanken im Kopf, meine Karriere als Zweitligaspieler zu beenden.

In schwierigen Zeiten, in denen ich viele Extreme durchlebe, kann es passieren, dass diese Gedanken aufsteigen. Zumal ich die letzten Jahre auf höchstem Niveau gespielt habe. Da ich auf Leistung orientiert bin, gebe ich mich keineswegs mit Niederlagen oder gar mit Zweitklassigkeit zufrieden, sondern strebe nach dem Ideal.

Durch meinen Fokus und mein Vertrauen in meine Mannschaft und mich selbst wurde mir die Möglichkeit geboten, aus dieser scheinbaren „Zweit-klassigkeit" auszubrechen. Bei der Vorstellung, eine Weltmeisterschaft im eigenen Land zu spielen, bekomme ich ständig Gänsehaut, und das schürte den Ehrgeiz in mir noch mehr.

Nach den letzten Entscheidungen des Bundestrainers stand ich im Kader für die Weltmeisterschaft. Eine besondere Ehre und Erfahrung für jeden Spieler.

Spielen für das eigene Land

Kannst du es noch etwas genauer fassen? Mir ist vollkommen klar, dass das nicht einfach ist. Aber was genau bedeutet diese Ehre? Du bist ausgewählt worden aus einer ganzen Reihe von Spielern, die du als gleichwertig, vielleicht sogar als überlegen betrachten magst. Das ist ein Hinweis auf dein Talent und deine Spielerqualität und bestätigt dich, die nächsten Aufgaben anzugehen.

Das Gefühl der Ehre empfinde ich tatsächlich in dem Moment sehr intensiv, wenn ich auf dem Spielfeld stehe und die Nationalhymne höre. Es ist einfach eine besondere Ehre, für mein Land spielen zu dürfen, zu einer Auswahl von 20 Spielern zu gehören, und zwar über Jahre hinweg. Dafür nehme ich viel

> auf mich, strukturiere meinen Alltag entsprechend, lebe dafür und bekomme unendlich viel zurück, wenn ich für mein Land auflaufen darf und möglichst erfolgreich bin.

Ich bin nie der Typ gewesen, der nach dem Motto handelt: „Dabei sein ist alles." Mein Ehrgeiz war immer so groß, dass ich mir eher selbst im Weg stand. Dabei ist mir vollkommen klar, dass Ehrgeiz ein zweischneidiges Schwert ist. Er kann uns beflügeln oder lähmen, beides ist möglich.

Gut ist Ehrgeiz aus meiner Sicht, wenn ich ihn sinnvoll einsetzen kann. Damit meine ich, dass ich ihn nutze, um mich immer und immer wieder zu motivieren und das Beste aus mir herauszuholen. Wenn der Ehrgeiz den Selbstzweifeln Nahrung bietet, ohne dass mir das sofort auffällt und ich es unterbinden kann, wenn ich mich womöglich hineinsteigere und nicht weiterkomme, dann ist es meiner Ansicht nach falscher Ehrgeiz.

„Ohne Ehrgeiz geht es nicht. Aber es ist unabdingbar, damit umgehen zu lernen."

Ich beobachte mich hier sehr genau. Denn im schlimmsten Fall könnte ich mich – so habe ich es bei mir und anderen beobachtet – in ein Loch trainieren und Teammitglieder mitziehen. Das will ich unter allen Umständen vermeiden. Ich habe auch erlebt, dass falscher Ehrgeiz dazu führen kann, von anderen zu viel zu erwarten. Mehr, als der betreffenden Person in dem Moment möglich ist.

Ohne Ehrgeiz geht es nicht. Ehrgeiz ist wichtig. Aber es ist unabdingbar, damit umgehen zu lernen.

Da ich die Erfahrung gemacht habe, Turniere wie Europameisterschaften von der Tribüne aus verfolgen zu müssen, wollte ich mich nicht damit zufriedengeben. Allerdings hatte ich seit zweieinhalb Jahren kein internationales Spiel mehr auf diesem Niveau gespielt. Dies bedeutet, dass alle 15 anderen Spieler im Kader mir einige Spiele voraus waren. Das wusste natürlich nicht nur ich, sondern das wussten auch meine Mitspieler. Damit musste ich zurechtkommen.

Ich wählte das Naheliegendste, nämlich mich körperlich und mental auf ein möglichst hohes Niveau zu bringen. Denn mich durchzusetzen, wenn die anderen meinen Rückstand im Hinterkopf haben, bedeutete für mich auch, mich auf jede Trainingseinheit vorzubereiten. Und zwar genau so, wie ich es aus meiner Routine gewohnt bin. Es war überhaupt nicht nötig, etwas Besonderes zu machen, etwas umzustellen, noch mehr zu tun. Ich habe einfach nicht aufgehört, an mir zu arbeiten.

Da ich von dem überzeugt war, was ich im letzten halben Jahr gemacht hatte, lag es nahe, dabei zu bleiben und so fortzufahren. Ich hatte schließlich erlebt, dass ich mich physisch kontinuierlich gesteigert hatte. Mein Trainingsplan passte zu mir und hob mich auf ein gutes Level. Die Routine war mir also sozusagen auf den Leib geschneidert. Warum sollte ich sie verlassen oder ändern?

Wichtig war es mir darüber hinaus, mit den anderen Spielern in den Austausch zu gehen. Ich konnte ihnen berichten, was genau ich in den letzten beiden Jahren gemacht hatte und wie intensiv wir trainiert hatten. Dem einen oder anderen wurde beim Zuhören ganz schnell bewusst, dass wir ein ganz ordentliches Trainingspensum hatten. Das hilft, um Vorurteile über einen Spieler aus der 2. Handballbundesliga zu relativieren.

Zusätzlich versuchte ich natürlich, mich weiterzuentwickeln. Dazu gehörte, dass ich mir Wissen und Themenbereiche erarbeitete, die einerseits für mich, andererseits aber möglichst auch für die Mannschaft förderlich

83

waren. Ich habe mir in den Bereichen der Menschen- und Teamführung ein Wissen angeeignet, das mir zeigt, wann ich etwas tun und wann ich etwas mit mehr Abstand betrachten muss. Dies sind wichtige Punkte, um noch mehr auf seinen Kopf und Körper zu hören.

Der Körper ist mein Kapital, ich höre auf ihn. Natürlich achte ich auch auf das, was ich esse und trinke, vor allem aber sehe ich zu, möglichst ausreichend zu schlafen. Ich benötige den Schlaf: Sieben bis acht Stunden empfinde ich als wohltuend. Das ist mein Schlafrhythmus, mehr brauche ich nicht. In angespannten Phasen halte ich an dieser Zeitspanne fest, weil ich festgestellt habe, dass mich das stärkt.

Physisches Leistungsniveau

Obwohl ich Mannschaftssport betreibe, musste ich mich nun in eine Verfassung bringen, in der ich in der Lage war, mich durchzusetzen und mich im Team zu etablieren. Im vorhergehenden Dreivierteljahr hatte ich außerordentlich viel an mir gearbeitet. Das kam mir in dieser Situation entgegen.

Es ist wichtig, körperlich dagegenhalten zu können, wenn alle um dich herum an die 100 kg schwer sind, einige sogar noch schwerer. Durch gezieltes Training, aber auch dank unseres Trainerteams im Verein war ich im athletischen Bereich auf einem Niveau, wie ich es in meiner Karriere selten hatte.

Konkurrenz und Zweikampf

Durchsetzungsvermögen im Sport und Durchsetzungsvermögen im Berufsleben. In welchen Punkten lassen sich aus deiner Sicht Erfahrungen aus dem Sport in den Berufsalltag übersetzen?

Aus vielen Kontexten wissen wir, dass Konkurrenz das Geschäft belebt. Sich diese Perspektive anzueignen, ist hilfreich, denn sie eröffnet Möglichkeiten.

Im Sport sind wir gemeinsam ein Team. Allerdings muss jeder Einzelne Topleistung abrufen. Gelingen kann dies nur, wenn er sich in bestimmten Situationen gegenüber seiner Konkurrenz durchsetzt und damit das gesamte Leistungsniveau des Teams anhebt. Die Folge ist, dass er dieses Niveau ständig behaupten muss. Auch im Zweikampf auf dem Spielfeld ist das Durchsetzen wichtig, um sich neu zu fordern und dadurch zu verbessern.

Wie sich das in den Berufsalltag übertragen lässt? Indem man immer beobachtet, wo die Lücken sind, die eine Tür öffnen, um das Eigene voranzubringen. Im Leben kommen viele Hindernisse oder Zweikämpfe auf einen zu. Entweder man nimmt sie an und versucht, die Chance zu erkennen, oder man lässt sie links liegen und riskiert, sich nicht weiterzuentwickeln.

Trainingszeit

Viele werden vielleicht denken, man hätte in der 2. Handballbundesliga mehr Zeit, um sich körperlich stärker zu trainieren. Dem kann ich entgegnen, dass dies nicht so ist, vor allem wenn man bei einem Verein und unter einem Trainer spielt, die schnellstmöglich wieder in die 1. Handballbundesliga aufsteigen wollen. Unser Wochenpensum war das eines Erstligisten, wenn nicht sogar intensiver. Was mir allerdings nicht schadete, ganz im Gegenteil.

Dazu kam, dass wir zwei Mannschaften mehr in der Liga hatten, also 38 Spiele in der Saison. Die Spielorte lagen über ganz Deutschland verteilt und von Süddeutschland meist weit entfernt.

Für solche Strecken sind wir es gewohnt, einen Tag früher loszufahren, um eine möglichst professionelle Vorbereitung mit Übernachtung auf das Spiel zu gewährleisten. Nach dem Spiel steigt das komplette Team in den Bus und kommt spät in der Nacht oder am frühen Morgen zurück.

85

Unser Busfahrer ist immer so freundlich und gibt uns auf der letzten Auswärtsfahrt die gefahrenen Gesamtkilometer der Saison durch. In den Jahren in der 2. Handballbundesliga waren das ca. 20.000 km pro Saison, die wir mit unserem Bus zurückgelegt haben.

Mein Wochenpensum

Du bist Profisportler. Handball ist dein Beruf. Magst du erzählen, wie dein Wochenpensum ungefähr aussieht, wie deine Tage gefüllt und strukturiert sind?

Den meisten Menschen ist nicht bewusst, wie viel Zeit wir Profisportler einsetzen. Oftmals wird auch außer Acht gelassen, dass das unser Beruf ist und dass wir das nicht nur alle drei Tage machen.

Im Konkreten sieht es so aus, dass am Montag Trainingsstart ist, wenn wir am Samstag ein Spiel haben. Das beginnt meist montags mit einer individuellen Einheit, die jeder absolvieren sollte. Oft ist es eine Laufeinheit oder eine Krafteinheit. Abends haben wir dann gemeinsam eine Hallentrainingseinheit, bei der im Vorfeld schon eine kurze Videositzung stattfindet. Am Dienstag haben wir dann zwei Halleneinheiten zusammen, meistens eine um 10 Uhr und eine um 17 Uhr.

Vor allem am Abend treffen wir uns zusätzlich zu einer Videoanalyse. Es kann sein, dass wir etwas zum Spiel sehen, das vor uns liegt, also einen Ausblick auf den nächsten Gegner, oder dass wir einen Rückblick machen.

Neben den Trainingseinheiten hat jeder von uns vereinbarte Physiotherapietermine. Sie sind sehr wichtig als Prophylaxe, um den Körper stetig zu pflegen. Physiotherapie ist immer ein Thema. Ich kenne wenig Spieler, die ohne Beschwerden durchs Leben laufen.

Je nach Intensität der Tage haben wir mittwochs Training. Gleich morgens um zehn eine Einheit, entweder mit der ganzen Mannschaft oder individuell, das variiert nach Pensum, um dann nochmals einen größeren freien Block zu haben von Mittwochmittag bis Donnerstagabend, wenn es wieder Richtung Spiel geht.

Ab jetzt ist auch viel Taktik dabei. Am Donnerstag haben wir meist nur einmal Training. Diese Einheit kann allerdings schon intensiv sein. Es kommt dann noch eine Videoanalyse hinzu. Zusätzlich schauen wir selbst zu Hause Videos und bereiten uns vor.

Nach der Donnerstagseinheit findet am Freitag eine Abschlusseinheit statt, die stark von Taktik geprägt ist. Wir nutzen sie, um uns im Detail auf den Gegner vorzubereiten. Jede einzelne Trainingseinheit hat eine Dauer von eineinhalb bis zwei Stunden. Nur die letzte vor dem Spiel ist ein wenig kürzer.

Neben dem Training muss Platz für weitere Termine sein. Wir haben Termine mit der Presse, mit Sponsoren oder bieten bei Handballcamps Trainingseinheiten an. Jeder wird eingeteilt, sodass sich die Termine auf alle Schultern verteilen.

„Es ist wichtig, die Zeit optimal zu nutzen und voll auszuschöpfen."

Meine körperliche Entwicklung lag also nicht daran, dass wir mehr Zeit für Trainingseinheiten hatten, wir haben diese einfach voll ausgeschöpft und optimal genutzt.

Diese Physis galt es nun auch auf diesem Niveau einzusetzen, denn ich musste mich schließlich gegen die besten Spieler Deutschlands und später der Welt durchsetzen. Und das ist ein entscheidender Punkt.

Ich hatte Vertrauen in mich, meinen Körper und mein Spiel. Nun musste ich dieses Vertrauen auch nach außen hin verkörpern und meine Leistung zeigen. Nur so war es mir möglich, innerhalb weniger Wochen und Trainingseinheiten wieder ein gewisses Standing in der Mannschaft aufzubauen und vor allem den Respekt und das Vertrauen der anderen zu gewinnen.

Dabei spielte es keine Rolle, dass ich in dieser Phase viel im Fokus stand, sei es bei der Presse, den Experten und vielleicht auch im eigenen Team. Ich konzentrierte mich auf unsere gemeinsame Aufgabe.

Visualisierung

Um den Fokus auf unser gemeinsames Ziel zu legen, verfolgte ich das Prinzip der Visualisierung. Mir gingen immer wieder Bilder durch den Kopf, in welcher Atmosphäre wir als Team diese Weltmeisterschaft spielen dürften und würden. Wie wir uns gegenseitig anfeuerten, unterstützten und gemeinsam jubelten. Solche Momente mit einem Team und jetzt in der Visualisierung zu erleben, spornte mich an, alles aus mir herauszuholen.

Trainingsvorbereitung © Sascha Klahn

Wie ich das Visualisieren nutze

Kannst du Beispiele geben, in welchen Situationen du das Visualisieren einsetzt und wie es dir geholfen hat?

Zum einen hat es mir geholfen, die Rahmenbedingungen im Vorfeld auf eine gewisse Art und Weise zu spüren.

Wenn man sich schon andere Spiele, auch von anderen Sportarten, in Hallen angeschaut hat, dann weiß man, welche Atmosphäre dort herrscht. Das wollte ich mir immer wieder einprägen und vorstellen. Es half mir, mich zu orientieren und schon im Vorfeld zu wissen, was auf mich zukommt, damit ich nicht überrascht bin, sondern mich auf alles einstellen und mich auf die Unterstützung vor allem der Fans freuen kann.

Des Weiteren hilft es mir, wenn ich mir bestimmte Spielsequenzen und Abläufe vorstelle. Ich sehe dann vor mir, wann wir unsere taktischen Handlungen spielen, wie wir sie spielen, mit welchem Tempo oder auch wer dann letztlich zum Wurf kommt. Aber auch meine Schrittfolgen, meine Pässe, meine Abschlusssituationen, wenn ich vor dem Torwart bin.

Ich gehe im Kopf alles durch, denn für das Gehirn ist es erstaunlicherweise nichts anderes, als wenn ich es real mache. Es hilft, sich vorher den gesamten Ablauf im Geist vorzustellen.

Das wirkt sich dann fast wie ein Trainingseffekt aus. Im Spiel kommt es häufig zu Situationen, in denen Entscheidungen getroffen werden müssen, zum Beispiel bei Überzahl oder Unterzahl. Wir haben dafür bestimmte taktische Handlungen, auf die man sich schon ganz gut vorbereiten kann, um später seine Routine abzurufen.

Der Druck nahm zu, je näher wir Richtung Auftaktspiel kamen. Allerdings hat er bei mir nie überhandgenommen, da ich es einfach genossen habe, in diesem Kreis dabei zu sein und ein Teil dazu beizutragen, unsere Ziele zu erreichen. Die Messlatte hängt bei einer Weltmeisterschaft im eigenen Land bekanntlich nicht niedrig. Das Halbfinale sollte mindestens erreicht werden, um anschließend um die Medaillen spielen zu können.

Dies wollten wir vor allem über unseren Teamgeist erreichen – mit einem Team, das miteinander leidenschaftlich kämpft und gemeinsam Schritt für Schritt daran arbeitet, attraktiven, schnellen und erfolgreichen Handball zu spielen. Dabei ist es sehr wichtig, dass jeder in der Mannschaft weiß, welche Aufgabe er hat und welche Rolle er übernimmt. Wenn diese Verhältnisse geklärt sind, sind die Voraussetzungen zur gemeinsamen Zielerreichung geschaffen.

Mit Aufgaben und Rollen ist hier allerdings nicht gemeint, welcher Spieler welche Position hat und ob er Tore werfen oder verhindern soll. Vielmehr geht es darum, den eigenen Charakter und die Eigenschaften so in das Team zu integrieren, dass die Stärken jedes Einzelnen voll zur Geltung kommen und ausgeschöpft werden.

Das passiert nicht, indem der Trainer den einen Spieler auf eine beliebige Position stellt und seine Anweisung gibt. Die Aufgabe muss von innen heraus kommen und sich entwickeln. Mit „von innen heraus" meine ich zunächst einmal vonseiten des Trainers oder des Trainerteams.

Aus meiner Erfahrung als Spieler ist es nicht möglich, einem Spieler eine Rolle aufzuzwingen. Die Rollenverteilung beginnt schon bei der Zusammenstellung des Kaders. Jeder Trainer hat seine Vorstellung, wie das Team funktionieren soll. Dazu braucht er bestimmte Personen, die dies zum einen qualitativ, aber vor allem charakterlich umsetzen können.

Obwohl ich kein Trainer bin oder jemals war, habe ich schon viele Trainer erlebt und kann diese Mechanismen sehr gut nachvollziehen. Bei einigen hat es gut funktioniert, bei anderen weniger. Dabei spielen die beiden oben angesprochenen Punkte Respekt und Vertrauen eine wichtige Rolle. Der Spieler, aber vielmehr der Mensch muss das spüren.

Kommunikation ist dabei ein enorm wichtiger Bestandteil. Wenn der Trainer klar mit dem Spieler spricht und ihm seine Vorstellungen veranschaulicht, wird eine Aufgabe oder Rolle deutlicher und geht mit jeder Einheit mehr auf den Spieler über.

Mit einem solchen Rückhalt von Respekt und Vertrauen ist es meiner Meinung nach möglich, jeden Druck zu meistern. Als Leistungssportler habe ich jedoch nicht den Anspruch, eine Aufgabe nur irgendwie zu „meistern". Die bestmögliche Leistung soll abgeliefert werden.

Spielfreude als Leistungsmotor

Je näher das Turnier rückte, desto mehr kam ich in diese Gefühlslage. Mit dem Wissen, dass die Mannschaft und das Trainerteam hinter mir standen, kam die Freude am Spielen und daraus folgend die Leistung.

Was in den Tagen zwischen den Spielen, also im normalen Trainingsalltag, über Selbstmotivation erreicht wird, stellt sich nun ganz von selbst ein. Die Vorfreude auf das Spiel ist wie eine Art Hunger nach längerem, unfreiwilligem Essensverzicht. Der Magen knurrt und verweist eindeutig darauf, dass es Zeit ist, zu essen. Da muss kein Appetit mehr geweckt werden; diese Stufe ist schon überschritten.

Ähnlich ist es mit der Ungeduld, das Spiel möge nun starten. Denn allein das Gefühl, vor solchen Hallen zu spielen und im Kreis der Mannschaft auf dem Platz zu sein, lässt eine so große Freude entstehen, als ginge nach Tagen in Dunkelheit zum ersten Mal wieder die Sonne auf. Alle Verwandten und Freunde, die nachfragen und mit denen ich im Vorfeld spreche, vermitteln mir, dass sie mitfiebern, in Gedanken bei mir sind und sich für mich freuen.

Dieses Gefühl wird transportiert. Das ist viel mehr als Selbstmotivation. Es entsteht ein unaufhaltsamer innerer Antrieb, selbst möglichst gut zu sein und die höchste Leistung zu bringen, um mit Freude das nach außen zu tragen, was du von außen empfängst. Vielleicht lässt es sich so am besten erklären.

Freude statt Druck

Hier möchte ich gerne nochmals einhaken. Es ist ein interessanter Gedanke, Leistungsdruck durch Freude auf die Leistung zu vertreiben. Habe ich es richtig verstanden, dass du genau diese Strategie anwendest und sie mit dem Visualisieren kombinierst?

Ja, in der Tat war das ein großer Punkt bei der Weltmeisterschaft. Ich habe mich einfach unglaublich auf die Spiele mit der Mannschaft und den Fans gefreut. Dadurch geriet vieles von außen in den Hintergrund, und der Fokus lag auf der gemeinsamen sportlichen Leistung.

Viele werden das vielleicht von früher kennen. Als Kind oder Jugendlicher ist man einfach nur froh, spielen zu können, und es macht einem sehr viel Spaß. Oftmals vergisst man dabei alles um sich herum, und die Erinnerung an das Spielen und die Freude dabei bleibt. Die Zeit vergeht. Niemand schaut auf die Uhr, und man ist ganz im Spiel.

Störfaktoren minimieren

In einem Buch von Hermann Scherer, einem bekannten deutschen Autor, Berater und Keynote Speaker, habe ich einmal einen Satz bzw. eine Formel gelesen, die mich zum Nachdenken angeregt hat: **Leistung = Potenzial – Störfaktoren.**

Mir war bewusst, dass wir als Mannschaft und ich persönlich über viel Potenzial verfügen. Wenn wir es schaffen, unsere Störfaktoren auf Null zu bringen, ist die Leistung gleich dem Potenzial. Für ein gesamtes Team ist dies nicht gerade leicht. Aber genau dazu braucht es Aufgaben, Rollen und eine gute Kommunikation untereinander, um diese Störfaktoren zu minimieren.

Meine Störfaktoren aus Kritik, Druck und Unterschätzung ließ ich wie bereits weiter oben beschrieben nicht an mich heran. Mein Fokus lag auf der Freude, dieses Turnier mit dieser Mannschaft spielen zu dürfen. Somit konnte ich mein Potenzial ausschöpfen und meine Leistung bringen.

„Leistung = Potenzial – Störfaktoren"

Und dies hat einige dann doch überrascht. Auf einmal war ich ein wichtiger Bestandteil der Mannschaft und aus dieser nicht mehr wegzudenken. Für mich war auch das wieder eine neue Situation, auf die ich mich einstellen und mit der ich umgehen musste. Zu Beginn der Weltmeisterschaft stand ich kritisch im Fokus und jetzt auf einmal positiv. Das kann einen Menschen schnell verändern und ist ein großer potenzieller Störfaktor.

Dabei gibt es zwei Möglichkeiten, um damit umzugehen. Entweder du gehst den eingeschlagenen Weg weiter und ziehst diesen durch, oder du springst auf die Welle auf, sonnst dich im Rampenlicht und vergisst, wozu du eigentlich da bist. Ich habe mich für Ersteres entschieden – keine Störfaktoren!

Ich genoss stattdessen das Spielen mit der Mannschaft vor diesen atemberaubenden Kulissen wie in Berlin und Köln. Dieser Zustand spiegelte sich in meiner Leistung wider. Von Beginn an war ich davon überzeugt, dass ich es schaffen kann, ein Teil dieser Mannschaft zu sein und das Spiel zu steuern.

93

Siegen oder Gewinnen

Wir starteten in das Turnier mit dem Eröffnungsspiel gegen Korea. Alle freuten sich, dass es nun endlich losging. Nicht nur, weil es den Auftakt gab, hatte dieses Spiel gegen Korea besondere Bedeutung. Auch politisch und gesellschaftlich waren viele Augen darauf gerichtet, denn Korea trat bei dieser Weltmeisterschaft als vereinte Nation mit Spielern aus Süd- und Nordkorea an. Ein beeindruckender Moment, der der gesamten Eröffnung einen zusätzlichen Stellenwert gab.

Die Berliner Mercedes-Benz-Arena war ausverkauft, und wir bekamen zum ersten Mal zu spüren, was uns in den nächsten zwei Wochen erwarten würde. Es war phänomenal, und mein Traum begann Realität zu werden.

Nach den ersten Spielen und einem erfolgreichen Auftakt kam schon ein entscheidendes Gruppenspiel gegen Frankreich. Durch unser Unentschieden am Tag zuvor gegen Russland standen wir nun unter Druck, unsere Chance auf das Erreichen der Hauptrunde zu bewahren. Frankreich war in den letzten Jahren das Maß aller Dinge – Doppelweltmeister, Europameister, Olympiagold in London – und zählt immer zu den Top-Favoriten in einem Turnier. Für uns ging es bei diesem Spiel um das Erreichen der Hauptrunde und somit das Etappenziel Richtung Halbfinale.

Bei den Spielen zwischen Deutschland und Frankreich herrschte in den letzten Jahren eine große Rivalität. Man stand sich stets mit Respekt gegenüber, da viele Spieler aus dem französischen Team immer wieder in der Handballbundesliga spielten. Jedoch waren es grundsätzlich sehr hitzige und intensive Duelle. Auch dieses Spiel sollte sich in diese Reihe einordnen.

Es war ein ausgeglichenes Spiel beider Mannschaften. Die Führung wechselte stetig von einer Seite zur anderen. Kurz vor Schluss sah es so aus, als ob wir mit einem knappen Vorsprung das Spiel gewinnen würden. Aber

Sport wäre nicht Sport, wenn Frankreich nicht noch in der letzten Sekunde per Freiwurf – also mit dem allerletzten Wurf – das Unentschieden erzielt hätte.

„Wir waren in diesem Moment keine Sieger, sondern Gewinner."

Zunächst einmal ein Riesenschock für alle und eine gefühlte Niederlage. Trotzdem standen 15.000 Menschen nach dem Spiel, jubelten uns zu und bedankten sich für ein grandioses Spiel und unser leidenschaftliches Auftreten. Genau das sind die Momente, die einen Spieler antreiben, um weiterzumachen und nicht in Zweifel zu verfallen. Wir waren in diesem Moment keine Sieger, sondern Gewinner.

Diesen Unterschied lernte ich von Boris Grundl, einem führenden Experten zum Thema Führung, kennen (s. Box auf der folgenden Seite).

Ich persönlich war nach diesem Spiel gegen Frankreich auch kein Sieger. Aber ich denke, ich habe in diesem Spiel sehr viel gewonnen – Selbstvertrauen und Anerkennung! Bei einer Befragung von externen Handballzuschauern, welches mein bestes Spiel im Nationaltrikot gewesen ist, würden die meisten das Spiel gegen Frankreich nennen. Und in der Tat fühlt es sich unglaublich gut an, das Spiel so gespielt zu haben. Über einige gute Aktionen und Pässe zum Kreis kam ich gut in das Spiel und übernahm schließlich auch in kritischen Phasen des Spiels selbst die Verantwortung mit erfolgreichen Torabschlüssen.

Boris Grundl: Sieger versus Gewinner

Oft werden die Begriffe Siegen und Gewinnen synonym verwendet. Jeder, der schon einmal Sport gemacht hat, kennt diese Wörter. Nun kommt es allerdings darauf an, in welchem Kontext wir sie verwenden, denn dieser kann seine Bedeutung verändern. Boris Grundl beschreibt dies in einem seiner Blogbeiträge sehr anschaulich. Der Unterschied zwischen Siegen und Gewinnen kann enorme Auswirkungen haben.

Sieger definieren sich meist mit dem Sieg über andere. Somit ist der Vergleich mit einem Gegner entscheidend. Die Motivation, das Gegenüber zu besiegen, kommt von außen und ist extrinsisch. Dies finden wir sehr häufig im Sport beim Wettkampf, aber auch in der Wirtschaft zwischen Unternehmen oder eigenen Abteilungen. Sieg oder Niederlage. Bei einem Wettkampf mit mehreren Teilnehmern wird eine Rangliste erstellt mit dem Sieger, dem Bestplatzierten, und danach den restlichen „Verlierern".

Gewinner denken anders. Hier steht der Sieg über sich selbst im Mittelpunkt. Der Vergleich der eigenen Person mit der Vergangenheit. Es wird der Blick auf sich und nach innen gerichtet. Folglich ist die Motivation intrinsisch. Es ist möglich, ein Gewinner zu sein, obwohl man aus der Sicht des anderen vielleicht verloren hat.

Nach einer Niederlage lässt sich kein Sieg mehr daraus machen, jedoch ein Gewinn erzielen. Dies geschieht, wenn man seine Lehren und Erfahrungen aus der Niederlage zieht. Es wird oft zu sehr auf den Sieg geschaut und ein Vergleich mit „besser" oder „schlechter" gezogen. Dies passiert heutzutage nicht nur im Wettkampf, sondern im täglichen Leben – wir vergleichen uns ständig mit anderen.

Natürlich gibt es in vielen Bereichen einen harten Wettbewerb, in dem es nur um Sieg oder Niederlage geht. Wir sollten uns dennoch am besten eine Strategie zurechtlegen, die nach Boris Grundl so lauten kann:

„Ich stelle mich dem Wettbewerb und nutze ihn als Entwicklungshilfe. Ich gebe jeden Tag mein Bestes und konzentriere mich auf meinen Einflussbereich. Ich verrenne mich nicht in meinem Interessenbereich, den ich nicht beeinflussen kann. Manchmal siege ich und manchmal verliere ich. Doch ich gewinne jeden Tag, weil ich mich immer weiterentwickle!"

Mit dieser Einstellung kann jeder zum Gewinner werden, der Beste, der er sein kann.

Gefühlt wechselte ich in diesem Spiel kurz in die Rolle, die ich sonst in meinem Heimatverein hatte. Im Heimatverein lenke und steuere ich das Spiel und komme häufig in die Situation, dann auch die Verantwortung zu übernehmen.

Auf einem solchen Niveau wie in der Nationalmannschaft gibt es allerdings viele Spieler, die dies können – und auch in vielen Situationen schneller tun als man selbst. Das ist auch in Ordnung, und als Spielmacher lenke ich die Angriffe zum Teil genau in diese Richtung. Somit ging auch ich zwar nicht als Sieger vom Feld, sondern als Gewinner, und das gab mir noch mehr Selbstvertrauen für die weiteren Spiele.

Der Weg ins Halbfinale

Trotz des Unentschiedens gegen einen der Top-Favoriten des Turniers standen wir, auch dank des letzten Sieges in unserer Gruppe gegen Serbien, in der Hauptrunde der Weltmeisterschaft. In diesem Modus trifft man auf die ersten drei Teams der anderen Gruppe. In unserem Fall waren dies Island, Kroatien und Spanien. Jetzt fängt ein solches Turnier eigentlich erst richtig an. Denn wenn man jetzt nicht auf den Punkt genau fit und konzentriert ist, kann alles sehr schnell vorbei sein.

Meistens ist der Beginn der Hauptrunde auch mit einem Ortswechsel verbunden. Somit verabschiedeten wir uns von der unglaublichen Kulisse in der Berliner Mercedes-Benz-Arena mit einem 31:23-Sieg gegen Serbien und saugten diese Stimmung noch einmal auf, da diese uns von Anfang an getragen hatte.

Zum ersten Mal wurde eine Handballweltmeisterschaft in zwei Ländern ausgetragen: Eine Hauptrundengruppe fand in Dänemark, die andere in Köln statt. Genau in dieser Arena, in der ich vor zwölf Jahren auf der Tribüne gestanden und mir innerlich das Ziel gesetzt hatte, vor so einer Kulisse einmal spielen zu wollen. Der Traum wurde jetzt wahr!

Die meisten Spieler von uns kannten diese Arena schon, da zum einen die Finalrunde der Champions League immer in Köln stattfindet, aber auch der VfL Gummersbach vor einigen Jahren hier seine Heimspiele ausgetragen hatte. Allerdings ist es noch einmal etwas völlig anderes, wenn du für dein eigenes Land in dieser Arena aufläufst und 20.000 Menschen hinter dir stehen. Das sind die Momente, die ich erleben und vor allem spüren wollte. Das ist pure Emotion.

Genau diese nahmen wir in unser erstes Spiel gegen Island mit und feierten einen Sieg, der uns unserem Ziel Halbfinale immer näherbrachte.

Bei sechs Spielen in elf Tagen musst du schauen, dass die Zeit zwischen den Spielen intensiv für die Regeneration genutzt wird. In diesem Bereich waren wir in den vergangenen Jahren immer bestens von unserer medizinischen Abteilung versorgt worden und waren daher sehr gut aufgestellt. Unsere beiden Physiotherapeuten arbeiteten Tag und Nacht. Natürlich sollen und wollen alle Spieler möglichst topfit in eines der entscheidenden Spiele der WM gehen.

In dieser Phase bekomme ich über den Tag verteilt mehrere therapeutische Anwendungen. Das können zwei, das können aber auch drei Behandlungen am Tag sein. Es ist ganz unterschiedlich. Manchmal bekomme ich nur eine Elektrotherapie oder Akupunktur. Nachmittags findet vielleicht eine physiotherapeutische Behandlung statt, um Muskelstrukturen zu massieren und zu lockern. Das variiert. Die Pläne machen die Physiotherapeuten. Wenn ich etwas brauche, muss ich konkret auf sie zugehen, aber meist kommen sie ihrerseits auf mich zu, weil sie genau wissen, wann sie etwas mehr tun müssen. Sie fordern das ein.

Diese Maßnahmen nehmen Zeit in Anspruch. Hinzu kommen die ganz normalen Trainingseinheiten. Auf diese bereite ich mich zwischen den Wettkampfspielen mit bestimmten Warmmachübungen gezielt vor, indem ich die Schulter schon mobilisiere oder die Muskeln im Beinbereich erwärme, um optimal in die Halleneinheit zu starten und diese bestmöglich zu nutzen.

Spiel gegen Kroatien

Es stand das zweite Hauptrundenspiel gegen Kroatien bevor. Die Kroaten gehören ebenfalls immer zum Favoritenkreis und stellen jedes Jahr eine sehr gute Mannschaft mit international erfahrenen Spielern auf. Nach unserem erfolgreichen Hauptrundenauftakt gegen Island kamen nun die „Alles-oder-nichts-Spiele". Da Kroatien im Vorfeld gegen Brasilien verloren hatte, waren die Vorzeichen vor diesem Spiel klar: Wenn wir gewinnen, stehen wir im Halbfinale. Auch wenn dies vielleicht unser Minimalziel war, wusste jeder von uns, dass von dort aus alles möglich ist und erreicht werden kann.

Dieses Spiel willst du unbedingt gewinnen und bist hochmotiviert. Im Kabinengang treffen meist die gegnerischen Mannschaften unmittelbar vor der Einlaufzeremonie aufeinander, und diesmal spürte man eine enorme Konzentration bei beiden Teams. Denn schließlich ging es für Kroatien ebenfalls um den Einzug ins Halbfinale.

Da stand ich nun also in der Arena, ein Spiel von unserem und meinem Traum entfernt, ein Halbfinale im eigenen Land zu spielen. Zu diesem Zeitpunkt hatte ich 146-mal für Deutschland gespielt, und jedes Mal aufs Neue bekomme ich eine Gänsehaut, wenn die Nationalhymne erklingt und ich diese mitsinge. Bei mir läuft dann immer ein kleiner Film ab, wie ich hierhergekommen bin und was ich dafür alles in Kauf genommen und geleistet habe.

„Das ist ein Moment, in dem du kurz in deiner eigenen Welt bist."

Ich denke dabei allerdings nicht nur an mich, sondern vor allem an meine Familie, der ich in solchen Momenten sehr dankbar bin. Auch bei diesem Spiel saßen meine Eltern mit auf der Tribüne und waren in Gedanken bei mir. Ohne den Rückhalt meiner eigenen Familie und ohne die Unterstützung durch meine Eltern in frühen Jahren würde ich heute nicht in dieser Arena vor einer solchen Kulisse stehen.

Das ist ein Moment, in dem du kurz in deiner eigenen Welt bist, obwohl du gerade Arm in Arm mit 15 weiteren Mitspielern stehst und alle die National-hymne singen. Die Fokussierung auf das Spiel wird kurz für diesen emoti-onalen und vor allem sehr stolzen Moment unterbrochen, der dich noch einmal auf ein anderes Level der Motivation hebt.

Wenn dieser Moment vorbei ist, musst du allerdings sehr schnell wieder den Fokus finden und die Teamaufgabe sowie deinen Beitrag zur Errei-chung der Teamaufgabe im Blick haben.

Direkt vor dem Spiel

Was geht dir direkt vor einem Spiel durch den Kopf?

Unsere taktische Ausrichtung gehe ich schon im Vorfeld wie vor jedem Spiel im Kopf noch einmal durch und fokussiere mich auf die Aufgabe, das Spiel und den Gegner. Natürlich muss man immer damit rechnen, dass der Gegner eine andere Aufstellung oder ein anderes System wählt, und darauf muss man dann kurzfristig reagieren. Doch zu so einem Zeitpunkt in einem Turnier setzt man zu Beginn meistens auf das eingespielte Team und vor allem auf die eigenen Stärken.

> Innere Vorbereitung vor dem Spiel bedeutet für mich, dass ich mich ab dem Zeitpunkt, an dem ich in den Bus steige, innerlich auf das Spiel, auf den Gegner und auf das, was wir besprochen haben, fokussiere und vielleicht ein oder zwei Dinge aus dem Training Revue passieren lasse.
>
> Wenn ich in der Kabine sitze, lasse ich mir die Ansprache des Trainers durch den Kopf gehen und lege mir nochmals zurecht, was wir besprochen haben, wo wir angreifen wollen und welche Gegenmaßnahmen wir in der Abwehr geplant haben. Damit beschäftige ich mich unmittelbar vor dem Spiel, um mir einen Plan zurechtzulegen, wie ich mit der Mannschaft agieren möchte.
>
> Wichtig ist es mir vor allem, meinen Part zu betrachten und zu überlegen, wie ich ihn am besten ausfüllen möchte. Das ist vielleicht das Wesentliche an der ganzen Sache: dass sich jeder nochmals seinen Part bewusst macht und wie er ihn am besten erreichen kann.

Das Spiel startete wie erwartet – von Beginn an intensiv mit einem offenen Schlagabtausch. Beide Mannschaften brachten alles ein. Zeitstrafen blieben nicht aus. Die Schiedsrichter zögerten nicht, sie schon frühzeitig im Spielverlauf zu verteilen.

Auch unser Team traf dies relativ früh. Eine Zeitstrafe bedeutet im Handball, dass eine Mannschaft für zwei Minuten in Unterzahl spielt. Allerdings hat sich in den letzten Jahren ein taktisches Mittel etabliert, bei dem der Torhüter für einen weiteren Feldspieler eingewechselt werden und so die Spieleranzahl wieder auf die gewohnten sechs Feldspieler aufgestockt werden kann. Natürlich mit dem Risiko, dass niemand mehr im Tor steht. Das bedeutet, dass der Angriff so gut vorbereitet und abgeschlossen werden sollte, dass ein Wechsel des Torhüters in kurzer Zeit erfolgt.

Da wir in dieser Phase des Spiels schon in Unterzahl agieren mussten, wählte ich als Spielmacher unser taktisches Konzept, das wir für diese Situationen vorbereitet hatten. Dies soll zum einen dazu dienen, Zeit zu gewinnen, aber auch einen strukturierten Ablauf und Laufwege zu bestimmen. Dadurch soll eine möglichst gute Torchance herausgespielt werden. Diese Situationen mag ich besonders gerne, da man durch das Verschleppen des Tempos Zeit gewinnt, aber letztlich gezielt und dynamisch angreifen kann.

Beschleunigung und Verlangsamung des Tempos

Wie setzt ihr diese strategische Möglichkeit ein?

Verschleppen oder Verzögern des Tempos bietet sich natürlich in Phasen an, die wir in Unterzahl überbrücken müssen. Wir schauen dann, dass wir diese Phase möglichst gut von der Uhr bekommen. Das bedeutet, dass wir die Angriffe lang und strukturiert spielen, uns vielleicht situativ in Foulsituationen begeben, damit wir nochmals ein wenig Zeit gewinnen.

Es kann sein, dass der Schiedsrichter das als Zeitspiel ahndet. Aber wir haben die Möglichkeit, das Ganze viel konsequenter herunterzuspielen, als wenn wir schnell zu einem Abschluss kommen würden. Insofern versuchen wir mit dem Verschleppen, Zeit zu gewinnen, um es uns strategisch zunutze zu machen.

Manchmal wenden wir diese Strategie auch im Spiel an, indem wir bewusst etwas langsamer spielen. Das bietet sich an, wenn wir gegen eine sehr schnelle Mannschaft antreten, die ein extrem gutes Gegenstoßspiel zeigt. Wenn wir uns selbst Zeit nehmen, können wir den Rhythmus beeinflussen, also unser eigenes Tempo einbringen, indem wir die eigenen Angriffe länger spielen. Damit reduzieren wir die Gefahr, ständig einen schnellen Gegenstoß zu bekommen.

In Phasen des Spiels, die etwas Zeit benötigen, um die Mannschaft wieder zu sammeln oder Anspannung abzubauen, kann selbst eine kaum merkliche Reduktion der Geschwindigkeit wieder Ruhe und Konzentration ins Spiel bringen. Wir erreichen dies beispielsweise, indem wir betont langsam zum Anspielpunkt gehen oder uns bei Spielunterbrechungen kurz sammeln. Der Trainer hat zudem die Möglichkeit, eine kurze Auszeit zu nehmen.

Und trotzdem passierte es …

Und genau das hatte ich in der neunten Minute dieses Spiels auch vor. Ich wollte meine ersten guten Akzente in diesem Spiel setzen, um im Spiel anzukommen. Ich schickte nach einem Positionswechsel unseren Kreisläufer von meinem Gegenspieler weg, um mehr Platz für einen Angriff mit Tempo zu haben. Dabei wollte ich mit voller Power ins 1:1 gegen meinen Gegenspieler gehen und mir damit einen Vorteil erspielen, um entweder zum Torabschluss zu kommen oder einen weiteren Abwehrspieler zu binden und den Ball weiterzuspielen.

Diese Bewegung, in dieser Situation, auf dieser Position habe ich in meiner Karriere schon unzählige Male gemacht. Und trotzdem passierte es.

Beim Einspringen in den Zweikampf und gleichzeitigen Abdruck meiner Körpertäuschung verdrehte ich mein linkes Knie so stark, dass ich nur ein kurzes Knacken hörte, das mit einem stechenden Schmerz entlang meines inneren Oberschenkels verbunden war. Ich fiel einfach in mich zusammen und schlug bereits mit dem Gedanken an eine schwere Verletzung auf dem Boden auf.

Da lag ich nun in jener Arena, in der meine Träume entstanden sind, und spürte, wie diese in Millisekunden am selben Ort zerplatzten.

Der Moment in Zeitlupe

Ich lag auf dem Boden und hielt mein linkes Knie mit schmerzverzerrtem Gesicht. Ich war für einen kurzen Moment nur für mich. Es war, als würde alles in Zeitlupe ablaufen, und ich nahm die knapp 20.000 Zuschauer, Mitspieler und Therapeuten nicht wirklich wahr.

Es gingen mir in Sekundenschnelle viele Gedanken durch den Kopf: Was ist alles kaputt? Wie schnell kann ich operiert werden? Wie lange falle ich aus? Kann ich überhaupt noch einmal spielen? Was mich dabei faszinierte, war, dass sich diese Gedanken extrem schnell ordnen ließen. Zumindest für diesen kurzen Augenblick.

Dann, so schnell wie sie gegangen war, kehrte die Lautstärke zurück, und ich hörte wieder, wie die Therapeuten und Ärzte von mir wissen wollten, wo es schmerzte, und die Sanitäter mich schließlich vom Feld trugen.

„Ich musste meine Verletzung hinnehmen. Aber mehr noch wollte ich sie annehmen und mit der neuen Situation umgehen.“

Handlungsfähig bleiben

Genau diese intuitive Einordnung meiner Gedanken hat mir sehr geholfen, meine Verletzung hinzunehmen – aber mehr noch, diese anzunehmen und damit umzugehen. Ich dachte in den kommenden Stunden intensiv über mich und meine Gesundheit nach. Das eigene Selektieren bestimmter Gedanken führte dazu, dass ich von Beginn an nie in Selbstmitleid versank.

Für mich war klar: Mein Knie ist jetzt kaputt. Ich werde mindestens für die nächsten sechs Monate nicht mehr Handball spielen können.

Prinzipiell ist dieser Gedanke beziehungsweise das Bewusstwerden einer solchen Tatsache ein Schock für jeden Sportler. Das war es in gewisser

Weise auch für mich. Der Fokus auf die kommenden Stunden und Tage war aber stärker. Das Selbstmitleid hätte mir manche Fragen in dieser Hinsicht nicht beantworten können.

Ich wollte Klarheit über den Ablauf meiner Behandlung. Dabei war es für mich sehr hilfreich, dass ich mir schon im Laufe meiner Karriere bewusst gemacht hatte, welchen Spezialisten ich bei einer Knieverletzung aufsuchen wollte. Dadurch konnte ich mit meinen Ansprechpartnern im Verband und Verein in den darauffolgenden Stunden so zielführend kommunizieren, dass schnell klar war, was zu tun war und wie es weitergehen sollte.

Das, so mein Gefühl, gab mir unglaublich viel Sicherheit, um mich selbstbewusst mit der Situation auseinanderzusetzen.

Nachdem die Diagnose feststand, sich der Verdacht auf „Totalschaden", um die Aussage des Arztes kurz wiederzugeben, bestätigt hatte und die Operation auf den nächsten Tag terminiert war, verstärkte sich diese Sicherheit noch einmal – obwohl die Nachrichten sich laufend verschlechterten. Innerlich wusste ich nun, dass ich Zeit hatte, mich ausreichend um meinen Körper zu kümmern.

Erst ein paar Tage später fiel mir auf, dass ich bisher noch keine einzige Träne vergossen hatte. Obwohl es in diesem Moment um den Verlust des Spiels, der Teilnahme an der Weltmeisterschaft, der Saison und natürlich meiner Karriere ging.

Mein Fokus war so extrem auf den unmittelbaren Heilungsprozess gerichtet, dass mir diese Gedanken erst Tage später nachts im Krankenhaus kamen, als ich dann zum ersten Mal für mich allein war. In diesen Momenten verstummte der Trubel der vergangenen Tage und Wochen ganz, und die Emotionen konnten, sollten und mussten auch raus.

„Emotionen können, sollen und müssen auch raus."

So endete mein Traum, mit dem Team weiter für unser Ziel zu kämpfen und dies gemeinsam zu erreichen. Mir kamen noch einmal die Gedanken in den Kopf, wie mich die Sanitäter auf der Trage vom Spielfeld trugen.

An diesem vermeintlich tiefsten Punkt meiner Karriere erhielt ich die größte Anerkennung. Wenn 20.000 Menschen deinen Namen rufen, während du vom Feld getragen wirst, wird dir bewusst, dass du vieles richtig gemacht hast in deinem bisherigen Leben.

Der Weg zurück

5

„*Es gibt nichts Gutes oder Schlechtes,*
nur das Denken macht es so."

—————————————————————

William Shakespeare

Die Anerkennung, die mir in der Zeit nach meiner Verletzung entgegengebracht wurde, konnte ich erst nach und nach an mich heranlassen und aufnehmen. Monate später lebt sie immer noch in mir, sodass ich das Gefühl nun in Worte fassen kann.

Mir wurde schon auf dem Weg ins Krankenhaus bewusst, dass ich in den vergangenen Wochen einen gewissen Eindruck hinterlassen hatte, den so vielleicht nicht jeder erwartet hätte. Sei es spielerisch, aber auch charakterlich.

Es ist wahrlich nicht einfach, sich innerhalb von wenigen Trainingseinheiten wieder in ein so gefestigtes Team zu spielen, sich gemeinsame Ziele zu setzen und diese zu erreichen. Dazu gehört nicht nur der eigene Charakter, den man einbringt. Es wird daran auch deutlich, was das für ein Team war, mit dem wir dieses Turnier bestritten haben.

Jeder hatte das gemeinsame Ziel fest im Blick, brachte seine Leistung und seinen Charakter ein und stellte seine eigenen Ansprüche hintan. Nur so ist es möglich, solche Phasen gemeinsam anzugehen und zu überstehen.

Obwohl ich meinem Team nicht auf dem Spielfeld beistehen konnte, fieberte ich vom Krankenbett aus mit. Ich versuchte, aus der Ferne Mut zu machen und den Teamgeist zu stärken. Wir hielten den Kontakt trotz der Distanz aufrecht. Dazu sind die heutigen Medien natürlich Gold wert. Über Videobotschaften oder -telefonate war ich zum Teil direkt nach dem Spiel „in der Kabine". Auch mit den Verantwortlichen des Handballverbands stand ich weiterhin im Austausch.

Es gab die Überlegung, bei einem möglichen Finaleinzug, der in Dänemark ausgetragen wurde, zur Mannschaft zu reisen. Trotz der Verletzung, der Operation und der Schmerzen hätte ich das alles auf mich genommen, um die Mannschaft zu unterstützen. Leider verloren wir im Halbfinale gegen Norwegen, und der Traum vom Finale zerplatzte.

Es ist sehr bitter, wenn du bis vor Kurzem noch mit der Mannschaft auf dem Platz standest und dann von zu Hause aus zuschauen musst. Diese Niederlage traf nicht nur die Mannschaft, sondern auch mich sehr hart.

> *„Jeder brachte seine Leistung und*
> *seinen Charakter ins Team ein und*
> *stellte die eigenen Ansprüche zurück."*

Im letzten Spiel um den dritten Platz ging es nun wieder gegen den ewigen Rivalen Frankreich. Auch dieses Spiel verfolgte ich natürlich vor dem Fernseher mit und wünschte, dass sich die Jungs für das Turnier mit einer Medaille belohnen würden. Ähnlich wie im Gruppenspiel gegen Frankreich bekamen wir ein Gegentor in der letzten Sekunde. Nur dieses Mal nicht zum Unentschieden, sondern zum Rückstand und damit zur Niederlage.

Obwohl ich nicht mehr mit der Mannschaft auf dem Spielfeld stand, war ich ähnlich enttäuscht und traurig über diesen Moment wie die Spieler vor Ort. Über das gesamte Turnier betrachtet waren wir damit wieder keine Sieger, aber mit unserem Auftreten und unserer Leistung dennoch Gewinner, vor allem für unsere Sportart.

Bei Spielen um Medaillen will man als Leistungssportler als Sieger vom Platz gehen. Das taten wir in diesem Moment nicht, und darum ist eine solche Niederlage schon sehr schmerzhaft.

Fokus auf mich

Ab diesem Zeitpunkt begann für mich eine neue Reise. Die Weltmeisterschaft war offiziell mit dem 4. Platz beendet, und ich absolvierte die ersten physiotherapeutischen Maßnahmen.

Für mich war es vollkommen klar, dass ich zurück aufs Spielfeld wollte. Häufig wurde die Frage an mich herangetragen, ob ich es mir wirklich vorstellen könne, mich auf mein ursprüngliches Leistungsniveau zurückzukämpfen. Ich antwortete immer dasselbe: Ich will zurück zu meiner Mannschaft aufs Spielfeld. Es gab überhaupt kein Zweifeln, keine Überlegung. Ich hatte schon andere Hürden bewältigt. Ich würde zurückkehren und dann erst entscheiden, wie mein Weg weitergehen sollte. Etwas aufgeben, das ich noch gar nicht begonnen hatte, kam für mich nicht infrage.

„Etwas aufzugeben, das ich noch gar nicht begonnen hatte, kam für mich nicht infrage."

Ich plante nun zusammen mit den Ärzten, Therapeuten und Trainern meine Reha. Dies sah ich als wichtig an, um für mich eine Richtung zu bekommen. In den jeweiligen Abschnitten konnte ich einen Fortschritt erkennen oder musste mich in Geduld üben, weil sich manches doch noch nicht so umsetzen ließ, wie ich es mir wünschte.

Es war insgesamt aber ein gutes Gefühl, mich nun ausschließlich um mich und meinen Körper zu kümmern, ohne mir Druck zu machen. Es war ein

Stück Freiheit, meine Wochenplanung selbst bestimmen zu können. Dies ließ mich mit viel mehr Freude und Konzentration in die unterschiedlichen Phasen der Reha gehen.

In den ersten Wochen war ich stark eingeschränkt und konnte nicht viel tun. Für mich als Sportler war das eine schwierige Phase, weil ich mich hier wirklich zurücknehmen musste. Die Aktivitäten beschränkten sich auf ein paar Übungen zur Mobilisation. Das schien mir unglaublich wenig. Erst als ich nach ungefähr acht Wochen meine Krücken zur Seite stellen durfte, kam die Aktivität deutlich mehr und mehr zurück. Daraufhin veränderte ich auch meine Umgebung.

Um intensiv an meiner Rückkehr zu arbeiten, beschloss ich, für die nächsten vier Wochen in die Schweiz in eine ambulante Sportklinik zu gehen, um dort eine Reha zu absolvieren. Ich war unter der Woche immer vor Ort, hatte meine festen Trainings- und Therapietermine und konnte mich dadurch ausgiebig um mein Knie und meinen Körper kümmern.

Die Klinik befand sich in Grenznähe zu Deutschland, hatte allerdings keine eigenen Zimmer, weshalb ich auf der deutschen Seite in einem Hotel wohnte. Es war herrlich, jeden Tag über den Rhein zu laufen und voll motiviert das Training zu starten. Ich erinnere mich daran als eine rundum intensive Zeit, die mir zum einen viel für meine Reha, aber auch für mich selbst gebracht hat.

Abends auf dem Rückweg und im Hotel sortierte ich oft meine Gedanken und arbeitete weiter an dem Manuskript dieses Buches. Ich konnte mich also voll und ganz auf mich und mein Tun konzentrieren. Diese Phase tat mir unglaublich gut, nicht nur körperlich, sondern auch seelisch.

Ein Moment der Ruhe

Was du beschreibst, klingt in sich vollkommen stimmig. Ein Moment des Rückzugs, um wieder bei sich anzukommen und mit neuer Kraft zu starten. Fast wie im französischen Sprichwort: „Reculer pour mieux sauter." (Frei übersetzt: Ein wenig zurücktreten, um dann umso weiter zu springen.) Welche Erkenntnisse konntest du aus dieser Lebensphase mitnehmen?

Tatsächlich habe ich eine ähnliche Erfahrung gemacht. Zurückzutreten habe ich mir wahrhaftig nicht ausgesucht. Es wurde mir durch die Verletzung aufgezwungen. Was mich allerdings davor bewahrte, den Kopf hängen zu lassen, war der feste Wille, das Beste aus der Situation zu machen.

Vielleicht, das mag schon sein, durch ein inneres Wissen, dass das Akzeptieren der Umstände der einzig richtige Weg ist. Und natürlich in der Hoffnung, dadurch und durch den verinnerlichten Leistungswillen so schnell wie möglich wieder aufs Spielfeld zurückzukehren.

Welche Erkenntnis ich gewonnen habe? Was ich mir über Jahre erworben hatte, nämlich der gesunde Umgang mit Niederlagen oder Rückschlägen, den wir Sportler alle lernen, war auch in dieser Lebenssituation eine wichtige Stärke. Mich auf einige meiner weiteren Ressourcen zu besinnen, Motivation, Antriebskraft, Mut und Leistungswille, um nur ein paar zu nennen, war ebenfalls ein Stützpfeiler. Auch dass ich schon während der Reha begonnen habe, dieses Buch zu schreiben und die Situation zu reflektieren, habe ich als hilfreich erlebt.

Dazu kommt als tragendes Element der Rückhalt durch meine Familie und sowohl die Jungs als auch die Offiziellen aus meinen beiden Teams, der Nationalmannschaft und dem Heimatverein.

Nichts lässt sich bis ins Detail planen. Auch die Besserung während einer Reha verläuft nicht linear und geradewegs nach oben, wie ich es mir gewünscht hätte. Immer wieder ergeben sich Plateauphasen, die Geduld fordern, oder sogar Rückschläge, mit denen es umzugehen gilt. Sie treffen einen zum Teil härter als eine Niederlage auf dem Spielfeld.

Auf Tage oder Wochen, in denen ich voll enthusiastisch mein Programm absolvierte und positiv gestimmt war, folgte unweigerlich ein negatives Erlebnis, das mich auf den Boden der Tatsachen zurückholte.

Oftmals war es das morgendliche und abendliche Treppensteigen. Die Therapeuten und ich selbst waren eigentlich zufrieden mit dem Absolvieren bestimmter Übungen. Umso mehr kommt man dann ins Grübeln, wenn man die Treppe kaum bewältigt, ohne sich links und rechts an der Wand festzuhalten. Das ging mir lange Zeit nicht in den Kopf: Wenn ich nicht einmal ohne Schmerzen eine Treppe laufen kann, wie soll ich dann nächste Woche mit dem Lauftraining beginnen oder überhaupt wieder Handball spielen?

Solche Situationen zeigten mir, dass ich noch richtig weit von einer Rückkehr entfernt war. Es spiegelten sich viele Themen wie Zweifel, Rückschläge und Geduld in dieser Phase wider, die ich aus meiner Karriere bereits kannte. Allerdings war es ein anderer Umgang, weil ich nun ganz auf mich allein gestellt war und mich nicht gemeinsam mit der Mannschaft herausziehen konnte.

Als der Ball wieder flog

Die Wochen in der Schweiz hatte ich vorrangig genutzt, um die Verletzung und meine Physis wieder in Einklang miteinander zu bringen. Denn man mag es vielleicht nicht glauben, aber vieles muss wieder neu erlernt werden: richtiges Gehen und Laufen mit der idealen Belastung sowie die Stabilität im ganzen Körper. Es lag schon eine Menge hinter mir, aber es war klar, dass noch einiges auf mich zukommen würde.

Zum Glück erreichte ich dann die Phase, in der der Handball wieder mit in das Training integriert wurde. Allerdings keine falschen Vorstellungen: Von

Würfen aufs Tor war ich nach wie vor noch weit entfernt. Man freut sich unglaublich, nach vielen Wochen wieder den Ball in die Hand zu nehmen und damit zu spielen. Ähnlich, wie man es bei Kindern beobachten kann.

Dass Handball ein komplexer Sport ist, kann man an der ganzheitlichen Belastung des Körpers gut erkennen. Doch wie komplex er wirklich ist, weiß man erst, wenn man ihn über einen längeren Zeitraum nicht ausüben konnte.

„Ich spürte es jetzt noch deutlicher:
Handball ist ein komplexer Sport."

Aufgrund der Verletzung war meine Beinkoordination noch im Aufbau. Trotzdem musste ich alle weiteren Reize, von Ballfangen und -passen bis hin zu Orientierung und der richtigen Schrittfolge beachten und verarbeiten. Es war sehr schwer, das alles so zu koordinieren, dass es rund aussieht und sich auch so anfühlt.

Der Kopf spielt dabei eine entscheidende Rolle. Automatismen, die sich über Jahre oder Jahrzehnte in einem verankert hatten, müssen auf einmal neu erlernt werden. Das Erlernen darf aber nicht mit Beendigung des Trainings aufhören. Im Kopf lassen sich Bewegungen vor dem eigenen inneren Auge noch einmal vorstellen. Die Visualisierung, wie bereits in den vorherigen Kapiteln angesprochen, half mir hier ebenfalls.

In unserem Leben gibt es viele Automatismen, denen wir oft keine Beachtung mehr schenken. Vielleicht führen wir diese gut aus, vielleicht aber auch nicht.

Meine Erkenntnis in dieser Phase lag darin, in Zukunft achtsamer mit meinen Automatismen umzugehen, um frühzeitig eingreifen zu können, wenn ich merke, dass ich diese nicht mehr adäquat ausführen kann.

> *„Ich nahm mir vor, achtsamer mit*
> *meinen Automatismen umzugehen."*

Denn in diesem Moment des Wiederlernens wurde mir klar: Obwohl ich seit meinem vierten Lebensjahr Handball gespielt hatte, musste ich es von Grund auf neu und so perfekt wie möglich lernen, um wieder zu alter Stärke zu kommen.

Übergabe der Meisterschale © Thomas Schips

Der Aufstieg

Trotz der vielen und anstrengenden Einheiten war es eine schöne Zeit. Wir haben als Mannschaft unser Ziel erreicht: den Aufstieg in die 1. Handballbundesliga. Viele hatten uns nach meiner Verletzung abgeschrieben. Sie vermuteten, wir würden scheitern, wenn der Kapitän und Führungsspieler lange ausfällt und in der entscheidenden Phase der Saison nicht zur Verfügung steht.

Ich hatte allerdings nie ein schlechtes Gefühl. Ganz im Gegenteil. Ich hatte so viel Vertrauen in meine Mitspieler, da ich wusste, wie sie trainieren und für den Erfolg arbeiten. Es lag nun vor allem daran, sie auch von außen zu lenken.

Trotz meiner Abwesenheit und unterschiedlicher Terminkonstellationen versuchte ich regelmäßig, im Training vor Ort zu sein, bis ich schließlich auch wieder mehr Übungen in der Halle machen durfte. Ich wollte in dieser Phase die Mannschaft einfach stärken und den Spielern zeigen, dass ich trotzdem für sie da bin, wenn sie mich brauchen. Auch meine Erfahrung weiterzugeben und die Spiele vorzubereiten, zu analysieren und anschließend noch einmal darüber zu sprechen, war mir wichtig. So wurden Vertrauen und Verantwortung bewusst auf andere Spieler übertragen, und es war schön zu sehen, wie diese damit wuchsen.

Der Aufstieg war für alle eine Belohnung für viele harte Trainingseinheiten, und mancher junge Spieler erfüllte sich den Traum, den ich vor vielen Jahren ebenfalls hatte. Ich erfreute mich natürlich am Aufstieg in die 1. Handballbundesliga. Allerdings freute ich mich mehr für die Spieler, denn ich sah sie spielen, sah, wie sie sich entwickelten und sich letzten Endes selbst dafür belohnten.

Führen auf Distanz

Über einen längeren Zeitraum hast du als Kapitän die Mannschaft auf Distanz geführt. Welche Erfahrungen hast du dabei gemacht?

Meine Erfahrungen beim Thema Führen oder Steuern meines Teams auf Distanz haben mich in der Nachbetrachtung zu dem Schluss kommen lassen, dass es drei Bereiche gab, die wertvoll und hilfreich waren:

Der erste Punkt: Vertrauen. Das Vertrauen musste deutlich und wahrnehmbar gestärkt werden, da ich die Mannschaftsspieler weiterhin unterstützen wollte. Mir war bewusst, dass der Weg dazu über die Kommunikation erfolgte. Daher besprachen wir die Aufgaben explizit und im Detail. Ganz wichtig war es, die Verantwortung vertrauensvoll in die Hände der Spieler zu legen.

Der zweite Punkt: Präsenz. Es gab immer Phasen, während denen ich nicht vor Ort sein konnte. War ich aber da, strebte ich es grundsätzlich an, mit dem Physiotherapeuten neben dem Platz ein paar Übungen zu machen oder zu trainieren.

Dabei ging es mir auch darum, vorzuleben, dass ich etwas tue oder mich herausfordere. Ziel war es, die anderen mitzuziehen, meinen Leistungswillen auf sie zu übertragen, um sie anzuheizen, ihr Bestes zu geben. Mir war es wichtig, durch die Präsenz bei den Mitspielern einen Prozess anzustoßen, nämlich bestimmte Verhaltensweisen hervorzulocken und Zielbilder zu festigen.

Vor der Saison hatten wir uns auf Ziele festgelegt. Diese wollte ich wieder wecken und alle darauf einschwören. Wir schenkten unseren Zielbildern Präsenz, riefen sie uns vor Augen, hielten uns daran fest und motivierten uns durch sie. Es ist nötig, die Ziele immer wieder zurückzuholen, sie aufzurufen und zu verdeutlichen.

Der dritte Punkt: Wertschätzung. Das bedeutete für mich, mich in den Erfolgsmomenten zurückzuziehen und den Erfolg den Spielern zu überlassen. Sie waren es, die die Spiele auf dem Feld gewannen. In diesen Momenten muss niemand sonst im Vordergrund stehen.

Mir half es, einen Schritt zurückzutreten. Immer öffnete dieser bewusste Rückzug den Blick auf das große Ganze. Es half mir, Klarheit zu finden und Situationen besser einschätzen zu können.

Diese drei Punkte, **Vertrauen, Präsenz und Wertschätzung**, sollten in einer gewissen Balance sein, um nicht einem von ihnen mehr Gewicht zu geben und das Gefüge in eine Schräglage zu bringen. Das kann situativ bedingt zwar kurzzeitig erfolgen, aber langfristig sollte alles ausbalanciert bleiben, um das Steuern oder Führen auf Distanz zu gewährleisten.

Endspurt zum Comeback

Nach dem Aufstieg stand für die Mannschaft zunächst einmal die Sommerpause an. Diese umfasst in der Regel vier bis fünf Wochen. Für Nationalspieler normalerweise noch weniger, da nach der eigentlichen Saison oft noch Qualifikationsspiele stattfinden und somit weitere ein bis zwei Wochen zur Erholung fehlen. Der Terminplan ist in dieser Hinsicht schon extrem und steht schon seit langer Zeit in der Diskussion.

Die Erholung des Körpers ist das eine, das Runterkommen für den Kopf ist nach einer langen und intensiven Saison oftmals viel wichtiger, um den Körper überhaupt in einen „Erholungsmodus" zu bringen. Und das war bei mir ebenfalls ein wichtiger Punkt. Ich wusste, dass ich mir auch nach fünf Monaten Reha eine Pause gönnen sollte, wollte diese aber nicht zu sehr in die Länge ziehen. Ich hatte immer das Gefühl, ich könnte einen Tag verpassen und mein Comeback würde sich dadurch verzögern.

Insgesamt waren es elf Tage Urlaub mit meiner Familie, in denen ich natürlich trotzdem noch ein gewisses Programm absolvierte, allerdings nicht in diesem Umfang wie vor Ort. Ich lernte, dass nicht jeder Tag entscheidend ist, sondern vielmehr, wie ich mit diesem umgehe. Es erwies sich als besser, in einer Trainingseinheit eine hohe Qualität umzusetzen, als in der Summe viele Einheiten zu absolvieren, diese aber dafür nicht richtig oder konsequent.

Mit einer gewissen Erholung startete ich früher wieder in die eigentliche Saisonvorbereitung als die Mannschaft. Mein Plan war, zeitnah nach Vorbereitungsbeginn Anfang Juli wieder im aktiven Mannschaftstraining bestimmte Übungen unter Beobachtung mitabsolvieren zu können. So gut es tat, am Anfang der Reha nur für mich zu sein, merkte ich nun, wie wichtig es mir war, wieder mit der Mannschaft zu trainieren und mich in einer Gemeinschaft zu bewegen. Dadurch erreichte ich den nächsten Meilenstein, und mein Engagement wuchs weiter an.

Nun spürte ich die Komplexität dieser Sportart erneut auf einem anderen Level, wenn auf einmal gleich 13 weitere Spieler sich im Raum bewegten. Es galt alle Eindrücke zu verarbeiten, Entscheidungen zu treffen und dabei den Fokus auf die richtige Ausführung nicht zu verlieren. Wieder eine enorme Herausforderung für den Kopf, der in solchen Momenten extrem viel leistet.

Die Wochen vergingen, und mein Zieldatum, das ich mir am Anfang meiner Reha gesetzt hatte, rückte immer näher. Ich war nun deutlich mehr in das Mannschaftstraining integriert und bereits voll im Körperkontakt. Das war am Anfang natürlich noch seltsam, da sowohl ich als auch meine Mitspieler behutsam mit dieser Situation umgingen. Ich musste mich erst wieder an die volle Härte in einem Zweikampf in der Spielform gewöhnen, und meine Mitspieler wollten mich natürlich nicht zu hart angehen und keine erneute Verletzung riskieren.

Jedoch wurde mir bald klar, dass ich mit dieser „angezogenen Handbremse" nicht weiterkommen würde. Also sagte ich im Training zu meinen

Gegenspielern, sie sollen mich nun so verteidigen wie gewohnt und keine Rücksicht nehmen. Ab diesem Zeitpunkt merkte auch ich, wie ich besser in die Zweikampfsituationen gehen und mich steigern konnte.

„Dieser Moment ist im Kopf gespeichert, als wäre er gerade erst passiert."

Das Zweikampftraining war wichtig, denn ich musste auch eine gewisse Angst überwinden. Die Verletzung hatte sich in einer klassischen Zweikampfsituation Mann gegen Mann ereignet. Dieser Moment ist im Kopf gespeichert, als wäre er gerade erst passiert. Nun gilt es diese Erinnerung hinter sich zu lassen.

Mit ständiger Wiederholung entsteht ein Prozess, in dem dein Kopf merkt, dass wirklich nichts mehr passieren kann. Das Gefühl, eine gelungene Zweikampfsituation absolviert zu haben und zu wissen, dass alles hält, ist unbeschreiblich.

Schwierige Situationen überwinden

Nach einer solchen Verletzung wieder in einen ähnlichen Zweikampf zu gehen, kann nicht einfach sein und wie nebenbei gelingen. Ich stelle mir vor, dass man viele positive Zweikampferfahrungen ansammeln muss, um die schwierige, in der sich die Verletzung ereignete, relativieren zu können. Wie hast du das erlebt?

In der Tat dauert es sehr lange, einen Zweikampf wieder uneingeschränkt und ungehindert ausführen zu können – wenn man das überhaupt je wieder kann. Einen guten Schritt vorangekommen ist man ganz sicher schon, wenn man gelernt hat, mit der Situation umzugehen.

Bei mir war es so, dass ich mich von Beginn der Reha an nach und nach mit viel Geduld und Zeit in kleinen Schritten an die Zweikampfsituation, in der die Verletzung erfolgte, herangearbeitet habe. Es ging darum, mithilfe ganz kleiner Übungen das Vertrauen wiederzuerlangen und zu festigen, indem ich mir jeden auch noch so geringen Erfolg ins Gehirn einbrannte.

Meine Ungeduld musste ich bezwingen. Mit Eile ist hier nicht geholfen. Auch nicht damit, einzelne Phasen zu überspringen. Ich musste akzeptieren, dass ich Zeit brauche. Je mehr ich übte und je intensiver die Folgeübungen ausfielen, desto mehr Sicherheit holte ich mir zurück.

Das geht meiner Ansicht nach aber nur so lange, bis man dann wieder auf dem Spielfeld ist. Im Training kannst du viel ausblenden, aber im Spiel musst du es umsetzen und musst natürlich deinen Kopf für anderes freihaben. Dann ist keine Zeit mehr für kleine Schritte, sondern nur für vollen Einsatz.

Sobald du die ersten paar Spiele gespielt und Zweikampfsituationen in Varianten und in ungezählten Wiederholungen erlebt hast, stellst du irgendwann plötzlich fest, dass das Verletzungsgeschehen aus deinem Kopf verschwunden ist – du hast nicht mehr daran gedacht. Genau dann ist der Zeitpunkt, wo du weißt, jetzt hast du das überwunden.

Es kann natürlich vorkommen, dass du in der Woche danach im Training hin und wieder daran denkst, weil im Spiel doch andere Situationen oder Einflüsse auf einen zukommen als außerhalb. Aber diese kurzen Rückfälle haben keine Bedeutung mehr.

Der Weg verlief also über ein lang dauerndes, ganz langsames Herantasten, Heranarbeiten über verschiedene kleinere Übungen, bis wieder einmal genau die gleiche Situation wie damals eintrat, als ich mich verletzte – und dieses Mal passierte nichts. Das war, glaube ich, der Wendepunkt.

Übrigens gibt es inzwischen auch im Sport das sogenannte Neuroathletiktraining, das man gezielt anwenden kann. Wir haben in meiner Reha immer wieder Übungen daraus einfließen lassen, ohne ausschließlich damit zu arbeiten. Für den Kopf war es eine hilfreiche Herausforderung.

Endlich zurück

Es tat gut, wieder ein fester Bestandteil der Mannschaft zu sein. Schon kamen die ersten Überlegungen, wann ich wieder spielen könnte. In enger Absprache mit dem Trainer, den Physiotherapeuten und Ärzten legten wir bei gleichbleibender Entwicklung ein Datum fest. Bevor ich auf das Spielfeld zurückkehrte, wollte ich mindestens vier Wochen im normalen Mannschaftstraining integriert sein. Es war nun also absehbar, tatsächlich wieder auf das Spielfeld zurückzukehren, und die Vorfreude stieg.

„Den idealen Zeitpunkt gibt es nicht."

Doch ausgerechnet in diesem Zeitraum tauchten kleinere Probleme auf. Zunächst spürte ich in meiner linken Wade bei einem normalen Schritt im Training ein leichtes Ziehen. Dabei hatte ich in meiner Reha bestimmt etliche Sprünge absolviert. Und trotzdem können solche Dinge einfach passieren. Die anschließende Untersuchung ergab eine leichte Zerrung, die mich die nächsten Tage außer Gefecht setzte. Ausgerechnet jetzt! Mein Druck und Anspruch stiegen in dieser Zeit extrem, und nun musste ich mich erneut in Geduld üben und verlor wertvolle Zeit.

Eine Zerrung ist keine schlimme Verletzung. Wenn man allerdings nicht sorgsam damit umgeht und zu schnell wieder mit der Belastung anfängt, kann daraus eine größere Muskelverletzung werden, und dies wollte ich nicht riskieren.

Es ist einfach ärgerlich, wenn man so lange Zeit auf ein Ziel hinarbeitet und dann kurz vor der Ziellinie noch einmal um einige Wochen zurückgeworfen wird. Aber damit musste ich zurechtkommen und fokussierte mich auf ein mögliches anderes Datum. Es war nun klar, dass ich wieder im Kader stand und für die Spiele infrage kam. Die Presse fragte bei unserem Trainer Woche für Woche nach, wann denn der Zeitpunkt endlich gekommen sei.

> *„Nach 286 Tagen stand ich wieder auf dem Spielfeld und warf beim ersten Angriff mein erstes Tor: unbeschreiblich!"*

Einige denken vielleicht, dass es für solche Situationen einen perfekten Zeitpunkt gibt. Dass alles bis ins kleinste Detail geplant ist. Aber ich kann sagen: Das ist nicht so. Egal, wie man sich vorbereitet, man kann trotzdem 60 Minuten auf der Bank sitzen und auf den Einsatz warten. Natürlich hat man gewisse Absprachen getroffen. Allerdings können diese sich auch schnell wieder ändern.

Am 2. November 2019 war es dann schließlich so weit, als wir bei unserem Auswärtsspiel in Minden antraten. Es war abgesprochen, dass ich mich, bevor ich aufs Spielfeld komme, noch einmal ein bisschen aufwärmen kann, aber manchmal es ist auch gut, einfach ins kalte Wasser geworfen zu werden. Und so kam es dann auch.

„Ich musste gut in meinen Körper hineinhören."

In einer Auszeit hatte unser Trainer einen Geistesblitz und beorderte mich in Überzahl aufs Spielfeld. Ich musste schnell reagieren. Dabei hatte ich meinen Pullover noch an. Wie hätte ich damit rechnen sollen, aufs Spielfeld zu dürfen, wenn doch nur noch zwei Minuten in der ersten Halbzeit zu spielen waren. Und obwohl alles so schnell ging, war es ein ganz besonderer Moment. Nach 286 Tagen lief ich endlich wieder aufs Feld, überlegte mir die Taktik, gab Anweisungen und setzte sie letzten Endes auch um.

Ich war natürlich ein bisschen nervös. Trotzdem hatte ich den Fokus voll und ganz auf die Spielsituation gelenkt. Und in dieser kam ich dann auch direkt zum Abschluss und warf nach einer Körpertäuschung beim ersten Angriff, nachdem ich auf dem Spielfeld stand, mein erstes Tor nach meiner langen Verletzung. Anhand meiner emotionalen Reaktion daraufhin haben wahrscheinlich alle in der Halle gemerkt, wie gut es tat, dieses Tor geworfen zu haben, und wie viel es mir bedeutete. Es musste einfach alles raus.

In diesem Spiel hatte ich sonst nicht mehr viel Einsatzzeit, und wir schafften es in den letzten Sekunden, ein Unentschieden zu erzielen und somit einen Punkt für uns zu gewinnen. Es hat einfach nur Freude gemacht, mit der Mannschaft dieses Spiel zu spielen und wieder dabei zu sein.

Entscheidungen treffen

Nachdem ich wieder voll im Spielbetrieb integriert war, standen die nächsten Aufgaben vor der Tür. Wir sind gut in diese Saison gestartet, und ich wollte in der Endphase der ersten Saisonhälfte meinen Teil dazu beitragen. Es war klar, dass ich langsam an das Ganze herangeführt werden sollte. Aber auch hier zeigte sich, dass alle Planung sich schnell ändern kann. Durch körperliche Beschwerden und Verletzungen meiner Mitspieler auf meiner Position kam ich gleich wieder auf sehr viel Einsatzzeit und musste gut in meinen Körper hineinhören und ständig Rücksprache mit dem Trainer und den Physiotherapeuten halten.

Da ich wieder auf dem Spielfeld stand und fast ein Jahr vergangen war seit meinem Entschluss, an der Handballweltmeisterschaft 2019 teilzunehmen, kam nun eine erneute Entscheidung auf mich zu. Der Bundestrainer hoffte, dass ich mich für die Europameisterschaft 2020 im Januar in Schweden, Österreich und Norwegen bereitstelle. Die Zeit bis zur Vorbereitung und zur Nominierung war allerdings sehr kurz und begann gerade einmal nur wenige Wochen nach meinem ersten Bundesligaspiel. Es ist nicht leicht, solche Entscheidungen zu treffen, aber für mich und meine Gesundheit war es das Sinnvollste, frühzeitig eine Richtung zu signalisieren. Ich sagte die Teilnahme an der Europameisterschaft 2020 ab.

Europameisterschaft 2020

Nachdem du dich nach der schweren Verletzung gerade wieder aufs Spielfeld zurückgekämpft hattest, ist diese Entscheidung rundum nachvollziehbar. Oft öffnet der Verzicht auf etwas den Raum für etwas anderes. Wie war das in diesem Fall?

> Seit meiner Rückkehr ins Mannschaftstraining und schließlich auch in den Spielbetrieb hatte ich einen guten Rhythmus für mich gefunden, um für die Spiele fit zu sein. Ich spürte richtiggehend, wie mich das stärkte. Die nötige Sicherheit war wieder da. Ich horchte auf meinen Körper und nahm an, dass alles gut war.
>
> Der Rhythmus bei einer Europameisterschaft hingegen, mit einem Tag Spiel und einem Tag Pause, ist auf diesem Niveau natürlich extrem. Eine so hohe Belastung wäre zu diesem Zeitpunkt für mich eindeutig zu früh gewesen. Ich war mir nicht sicher, ob ich angesichts dieses Rhythmus, dieser intensiven Taktung über längere Dauer meine komplette Leistung hätte abrufen können.
>
> Die damit gewonnene Zeit wollte ich nun nutzen, um mir Gedanken zu meiner weiteren Zukunft zu machen.

Ich hatte es geschafft, nach einer so schweren Verletzung wieder auf das Spielfeld zurückzukommen. Ich merkte allerdings auch, dass ich deutlich mehr zum Erhalt meiner Leistungsfähigkeit tun musste und dass ich je nach Belastung und Intensität auch wieder einen oder zwei Tage Pause benötigte. Dies alles sind Faktoren, die in meinen Augen nicht mit dem in Einklang zu bringen sind, wie ich diesen Sport ausüben möchte. So fühlte ich den Zeitpunkt gekommen, mir zu überlegen, ob es weiterhin Sinn hat, unter diesen Umständen zu spielen, oder ob der Moment da ist, etwas Neues zu entdecken.

„Sich entscheiden heißt auch, Abschied zu nehmen."

Die Lust auf die Herausforderung, etwas ganz anderes zu machen, war in diesem Moment ebenfalls sehr hoch. Somit entschied ich mich, nach 17 Jahren Profihandball meine Karriere zum 30.06.2020 zu beenden. Etwas zu beenden, das ich gemacht habe, seit ich denken kann, war mit Sicherheit keine einfache Entscheidung. Aber es fühlte sich gut an. So war der Entschluss gefasst und wurde im Rahmen einer Pressekonferenz verkündet. Es war eine Erleichterung, dass nun alle Bescheid wussten.

Ob eine Entscheidung richtig oder falsch ist, weiß man erst im Nachhinein. Sich entscheiden heißt auch, Abschied zu nehmen. Und das habe ich damit getan. Ab diesem Zeitpunkt wollte ich jede Minute, die ich auf dem Spielfeld stand, noch einmal genießen, aufsaugen und natürlich auch gewinnen. Dazu hatte ich noch einige Spiele nach dem Jahreswechsel vor mir – dachte ich zumindest.

Veränderung und Reifung

Du hast dich auf einem langen Weg wieder zurückgekämpft und kamst mit all diesen Erfahrungen wieder in die altbekannte Situation. Du standest in Minden, in Balingen und bei anderen Auswärtsspielen auf dem Spielfeld. Du warst der Alte und auch nicht. Wie hast du das erlebt und welche Rückmeldungen kamen von deinen Mitspielern?

Es war einfach schön und tat unglaublich gut, mit der Mannschaft wieder um Punkte zu kämpfen. Natürlich freuten sich viele Menschen mit mir, dass ich nun wieder auf dem Spielfeld stand. Vorrangig mein eigenes enges Umfeld, meine Mitspieler, aber erstaunlicherweise auch viele Gegner.

Spieler und Trainer aus anderen Mannschaften kamen vor einem Spiel zu mir, um mir zu zeigen, dass sie sich über meine Rückkehr freuten und mir alles Gute wünschten. Das war eine sehr große Ehre für mich und eine große Wertschätzung. Dies hat mir erneut gezeigt, wie charakterstark unsere Sportart ist, aber auch, welchen Eindruck ich in den letzten Jahren durch meine Leistung und Person hinterlassen habe.

Ich nahm viele Gespräche und Themen nun bewusster wahr, konnte diese besser verarbeiten und wieder an andere weitergeben.

Der letzte Einlauf meiner Karriere, ohne es zu wissen. © Günter Seeger

Perfektes Ende?

Nachdem im Januar die Nationalmannschaft bei der Europameisterschaft das Ziel Halbfinale verpasst hatte, trennte sich der Verband kurzfristig von Bundestrainer Christian Prokop. Nach meiner Absage vor dem Turnier war ich mit ihm so verblieben, dass wir uns nach den Wettkämpfen noch einmal zusammensetzen, da im Sommer die Qualifikation für die Olympischen Spiele 2020 in Tokio anstand. Dies wollte ich natürlich nun auch mit dem neuen Bundestrainer Alfred Gislason tun.

Nach der Verkündung, meine Karriere zu beenden, kam natürlich sofort die Frage auf, ob ich die Olympischen Spiele noch als letztes Highlight in meiner Karriere spielen würde. Für viele schien das das perfekte Ende zu sein.

Als der erste Lehrgang unter dem neuen Bundestrainer anstand, hatte ich mich im Vorfeld mit ihm ausgetauscht und ihm mitgeteilt, dass ich aktuell wieder mehr Probleme nach intensiver Belastung habe. Ich hielt es einfach für fair, ihn darüber so offen und ehrlich zu informieren, da es für ihn natürlich auch um viel geht. Das Thema Nationalmannschaft hatte ich damit erst einmal beiseitegeschoben. Ich wollte mich voll und ganz auf unser Ziel, weiterhin ein Teil der 1. Handballbundesliga zu sein, konzentrieren. Es waren schließlich noch ein paar Spiele zu absolvieren.

Dieser Einfluss auf das Ende der Saison und damit auch auf das Ende meiner Karriere wurde mir allerdings genommen. Die Corona-Pandemie erreichte Europa und damit auch Deutschland. Obwohl unsere Spiele zunächst nur „pausiert" wurden und eine Wiederaufnahme der Saison schon geplant war, war mir bewusst, dass ich am 07.03.2020 mit hoher Wahrscheinlichkeit mein letztes Handballspiel gespielt hatte. Nach langen Wochen ohne Training und in Isolation war es dann schließlich beschlossen: Die Saison wurde aufgrund der anhaltenden Problematik abgebrochen.

Damit beende ich meine lange Karriere. Sie stand in dieser Situation nicht im Vordergrund, da es auf der Welt ein viel wichtigeres Thema gab. Die Frage nach einem perfekten Ende, kann ich also nicht beantworten. Aber gibt es das überhaupt: das perfekte Ende? Denn in meiner Wahrnehmung kann dies für jeden von uns eine andere Vorstellung sein.

Nachwort

Es gab viele Jahre, die trotz Erfolgen oder Niederlagen in einem ähnlichen Rhythmus und in gleicher Weise abliefen. Das kann ich von den letzten zwei Jahren wahrlich nicht behaupten. Während dieser Zeit habe ich persönlich so viel erlebt und durchlaufen wie selten zuvor in meiner Karriere. Zunächst glaubte ich, dass dieses Buch kurz nach meiner Rückkehr auf das Spielfeld fertiggestellt sein würde. Allerdings hat sich in und auch nach dieser Zeit noch einmal eine Menge verändert, und diese Gedanken und Entscheidungen wollte ich ebenfalls ins Buch einfließen lassen.

Vor allem die vier Monate rund um die Weltmeisterschaft 2019 haben dabei einen bleibenden Eindruck hinterlassen und mir viele Erfahrungen geschenkt. Mit Erfahrungen meine ich nicht nur die sportlichen, sondern vor allem die mentalen. Diese Monate beinhalteten alles, was in einer Leistungssportkarriere passieren kann – natürlich äußerst komprimiert, aber in Gefühlslagen von einem Extrem ins andere:

- meine Nominierung als Spieler aus der „zweiten Reihe", der dann auch noch das Spiel steuern soll

- Presse und Kritiker, die von Beginn an skeptisch gegenüber einer solchen Entscheidung waren

- die eigene Herausforderung, erfolgreich zu sein und dieses Turnier spielen und erleben zu dürfen

- mich in ein bestehendes Team hineinzukämpfen und mir den Respekt und das Vertrauen zu erarbeiten

- der Druck, im eigenen Land bei einer hohen medialen Aufmerksamkeit die Leistung auf den Punkt zu bringen

- dabei darauf zu achten, als Einzelner und im Team bei Erfolg nicht vom Boden abzuheben und das gesteckte Ziel weiter fest im Blick zu behalten

133

- mit meiner Verletzung das Ende der Reise, an dem Höhepunkt und Tiefpunkt für einen Moment verschmolzen sind

Das ist der Grund, warum ich diese Erfahrung nicht missen möchte. Obwohl mich viele nach meiner Verletzung fragten, ob ich meine Entscheidung zur WM-Teilnahme bereue. Aber ich kann definitiv sagen: nein! Dieses Ereignis zu erleben, war einmalig, auch wenn es so zu Ende ging.

Auf den ersten Blick könnte man wohl meinen, dass eine solche Verletzung nur negativ zu sehen ist. Tatsächlich hat sie mich brutal direkt aus der Weltmeisterschaft herausgenommen. Von einem Moment zum nächsten war ich physisch nicht mehr beim Team, sondern im Krankenbett. Vor mir lag eine schwere Zeit, bis ich wieder zurückkommen konnte. Dennoch schreibe ich hier, dass ich die Teilnahme an der WM nicht missen möchte? Ja, denn mein Fokus lag vor allem darauf, der Mannschaft auch aus der Ferne weiterhin beizustehen. Direkt danach sah ich die Chance, die in solch einem Unglück liegt.

Mir ist vollkommen klar, dass es unterschiedliche Schicksalsschläge gibt. Manche treffen einen mit solcher Härte, dass man sie allein nicht bewältigen kann und sich am besten Unterstützung holt.

Es gibt jedoch auch unerwartete Lebenseinbrüche wie den von mir geschilderten. Wie schwer sie im ersten Moment auch aussehen: Ich habe die Erfahrung gemacht, dass sie uns nicht nur Schlimmes zufügen, sondern uns auch bereichern. Es ist nicht immer alles vorbei, wenn das Leben nicht wie geplant verläuft, sondern einem einen Schlag versetzt. Wichtig ist, wie man anschließend damit umgeht. Man sollte offen sein, um mögliche Chancen zu erkennen. Sie sind vielleicht im ersten Moment nicht sichtbar. Aber mit etwas Ruhe und Distanz wagen sie sich aus ihrem Versteck und werden sichtbar. Dann bleibt nur noch, sie rasch zu ergreifen.

Ich hatte mir schon vor einiger Zeit vorgenommen, irgendwann einmal ein Buch zu schreiben. Warum denn das, wird sich der eine oder andere jetzt vielleicht denken. Ich habe in den vergangenen Jahren zahlreiche Bücher gelesen und bin dankbar für das Wissen, die Informationen und Geschichten, die ich aus ihnen gewonnen habe. Als Leistungssportler lebt man ein ausgesprochen spezielles Leben und macht dadurch auch andere Erfahrungen als in sonstigen Berufen. Trotzdem haben mir die Ratschläge und Tipps aus den Büchern sehr geholfen.

Nun habe ich in den letzten zwei Jahren meiner Karriere so viele Erkenntnisse für mich selbst gewonnen, dass ich diese gerne teilen möchte. Ob ein Leser meine persönlichen Erfahrungen für sich selbst nutzen kann, ob ihn meine Gedanken anregen, seine eigenen zu entwickeln, ob er meinen Weg als hilfreich empfindet oder nicht, sei jedem selbst überlassen. Wie im Vorwort schon erwähnt, sah ich im Krankenhaus unmittelbar die Chance, diese Geschichte niederzuschreiben. Es war ein innerer Antrieb, gepaart mit einem Gefühl, und ich fing einfach zu schreiben an. Und das, obwohl Deutsch nicht mein Lieblingsfach in der Schule war und es auch Lehrer gab, die mir vorhielten, ich könne nicht lesen. Jahre später belehre ich sie nun eines Besseren.

Ich habe dieses Buch in einer meiner körperlich und mental schwierigsten Zeiten verfasst. Es hat mir geholfen, mich mit dem Erlebten noch einmal auseinanderzusetzen und die wichtigsten Botschaften und Erkenntnisse herauszustellen. Dankbar bin ich für die Unterstützung, die ich von allen beteiligten Personen erhalten habe, um dieses Projekt so umzusetzen. An erster Stelle meiner Familie, vor allem meiner Frau, die mir stets den Rücken gestärkt und den nötigen Freiraum gegeben hat, da ich natürlich sehr viel Zeit zum Schreiben brauchte.

Mein fünfjähriger Sohn hat mich eines Tages gefragt, was ich da mache. Daraufhin antwortete ich ihm, dass ich ein Buch schreibe. Er fragte, ob es für ihn sei. Ich überlegte kurz und antwortete: „Ja."

135

Mir ist bewusst, dass ich sehr viel Zeit geopfert habe. Aber wenn meine Kinder irgendwann einmal dieses Buch in den Händen halten, es lesen sollten und nur eine Kleinigkeit für ihr eigenes Leben nutzen können, hat es sich schon gelohnt.

Ich freue mich ebenso, wenn ich Menschen erreichen konnte und ihnen mit meiner Geschichte in irgendeiner Form geholfen oder ihnen einen Denkanstoß oder Impuls gegeben habe.

Martin Strobel

Anhang

Literatur- und Buchempfehlungen

Rasmus Ankersen: *Der Goldminen-Effekt*, 2016

Dale Carnegie: *Wie man Freunde gewinnt*, 2011

Thomas Eglinski, Erika Thimel: *Am Ball bleiben*, 2019

Tim S. Grover: *Relentless: From Good to Great to Unstoppable*, 2014

Boris Grundl, Bodo Schäfer: *Leading Simple*, 2007

Boris Grundl: *Weniger siegen, mehr gewinnen*, https://www.fr.de/wirtschaft/weniger-siegen-mehr-gewinnen-11414387.html

Gerald Hüther: *Was wir sind und was wir sein könnten*, 2013

Walter Isaacson: *Steve Jobs: Die autorisierte Biografie des Apple-Gründers*, 2012

Wolfgang Jenewein, Marcus Heidbrink: *High-PerformanceTeams*, 2008

James Kerr: *Das Geheimnis der All Blacks: Was wir vom Erfolg der neuseeländischen Rugby-Mannschaft lernen können*, 2018

Andreas Klement: *Was die Wirtschaft vom Profisport lernen muss*, 2019

Wladimir Klitschko mit Stefanie Bilen: *Challenge Management*, 2018

Ralph Krueger: *Teamlife: Über Niederlagen zum Erfolg*, 2002

Werner Tiki Küstenmacher: *Limbi: Der Weg zum Glück führt durchs Gehirn*, 2016

Sebastian Purps-Pardigol, Gerald Hüther: *Führen mit Hirn – Mitarbeiter begeistern und Unternehmenserfolg steigern*, 2015

Herrmann Scherer: *Glückskinder: Warum manche lebenslang Chancen suchen – und andere sie täglich nutzen*, 2014

Simon Sinek: *Gute Chefs essen zuletzt*, 2017

John Strelecky: *The Big Five or Live*, 2009

Brad Stulberg, Steve Magness: *Peak Performance*, 2017

Richard H. Thaler, Cass R. Sunstein: *Nudge: Wie man kluge Entscheidungen anstößt*, 2020

Making of …

Ein Gespräch zum Buch

Sie interessiert, wie wir das Entstehen des Buches erlebten? Fühlen Sie sich eingeladen, an unserem Zwiegespräch teilzuhaben. Wir haben es schriftlich für Sie festgehalten. Wer ist „wir"? Martin Strobel, der Autor, und Susanne Schimmer, die Lektorin.

Haselnuss oder Walnuss, Wasser oder Tee? Wie hast du unsere Treffen erlebt?

Martin: Die Treffen in deinem Büro habe ich sehr angenehm erlebt. Ich habe mir im Vorfeld immer viele Notizen gemacht, die dann mal mehr und mal weniger in unseren Gesprächen relevant waren. Da ich oft direkt nach dem Training kam, war ich dankbar, auf die Nussauswahl zurückgreifen zu können. Bei unseren Treffen in der kalten Jahreszeit war der Tee sehr wohltuend.

Susanne: Unsere zahlreichen Treffen in Rottweil mit Nüssen, Wasser und Ingwertee waren nach meinem Empfinden immer produktiv und inspirierend. Kreative Vorbereiter für noch offene Kapitel. Kritische Nachbereiter für bereits geschriebene. Martin erzählte, ich hinterfragte und schrieb auf.

Der Leser, das unbekannte Wesen

Martin: Ich habe mir im Vorfeld nicht viele Gedanken dazu gemacht, wer das Buch lesen wird. Ich begann einfach zu schreiben. Es ist eine gesunde Mischung, würde ich sagen. Mir war es wichtig, dass der Leser etwas für sein Leben mitnehmen kann.

141

Susanne: Praktisch vom ersten Moment an stand die Idee im Raum, nicht nur eine Biografie zu erzählen, sondern einen Transfer zu leisten, damit der imaginäre Leser, den wir uns vorstellten, zwischen den Zeilen, aber auch ganz offensichtlich etwas für sich in seinen Alltag mitnehmen kann.

Hast du dich für andere Sportlerbiografien interessiert oder sie im Vergleich gelesen?

Martin: Zum Teil ja. Wobei ich nicht ausschließlich Biografien aus dem Sport gelesen habe. Es ist hilfreich, über den Tellerrand hinauszuschauen.

Susanne: Aber ja. Viele. Aus dem Handball, aus dem Fußball, aus dem Eishockey oder Triathlon. Immer mit der Feststellung, dass jedes der Bücher so individuell ist wie der Mensch, der es erzählt.

Meinst du, wir haben das Ziel erreicht?

Martin: Ich habe mir vorgenommen, ein Buch zu schreiben und es zu veröffentlichen. Ich kann es nun in meinen Händen halten und in mein Bücherregal stellen. Ja, wir haben das Ziel erreicht.

Susanne: Wir haben die Idee und das Manuskript so lange behauen und ausgefeilt, bis es dem Bild entsprach, das Martin sich vorgestellt hatte. Ja, wir haben das Ziel erreicht.

Kannst du abschätzen, wie viele Stunden du am Buch gearbeitet hast?

Martin: Nein, das kann ich nicht. Es waren definitiv einige. Und dies auch ganz unterschiedliche. Zum Teil bist du wirklich wie in einem Flow, und die Minuten und Stunden schwinden nur so dahin. Dann gibt es aber auch Phasen, während denen du gefühlt keine vier Sätze schreiben kannst. Es geht einfach nicht vorwärts. Ich habe gelernt, dass ich das akzeptieren muss und mich dann wieder mit voller Konzentration hinsetze, wenn es

Zeit dafür ist. Alles Weitere, was Gegenlesen und Verbesserungen betrifft, sind natürlich auch sehr viele Stunden. Dabei blickst du mehr von außen auf das Projekt.

Susanne: Ausgeschlossen. Natürlich habe ich zählbare Arbeitsstunden notiert. Im Grunde jedoch hat mich das Buch begleitet beim Aufstehen, beim Schlafengehen, beim Mittagessen, beim Spazierengehen. Die Gedanken kreisten darum. Entwickelten Ideen. Brauchbare und unbrauchbare. Verwirklichte und verworfene. Und so manches Mal habe ich über den Seiten ganz einfach auch die Zeit vergessen, war abgetaucht in die Zeilen, schaute mit Verwunderung erst Stunden später auf die Uhr, ohne zu wissen, wo die Zeit geblieben war.

Das Schreiben: War es Freude oder Qual?

Martin: Es war eine Freude. Es war zum Teil zwar intensiv, aber es hat meinen Horizont definitiv erweitert.

Susanne: Meine Qual bestand höchstens darin, passende Fragen zu finden, um noch mehr Antworten zu bekommen. Sacht und stetig nachzufassen. Die Freude hat deutlich überwogen. Alles war leicht und stimmig.

Würdest du es wieder tun?

Martin: Definitiv ja.

Susanne: Klares Ja.

Was wird dir in Erinnerung bleiben?

Martin: Als ich im Urlaub in Italien abends vor unserem Zelt saß und wirklich voll im Flow bei Kerzenschein von Hand in mein Notizbuch geschrieben habe. Ein schöner Moment.

Susanne: Unsere Treffen, der Gedankenaustausch, der das Manuskript jedes Mal deutlich vorangebracht hat, der kreative Schub.

Wie hast du die Zusammenarbeit erlebt?

Martin: Sehr angenehm und vertrauensvoll. Vom ersten Treffen an wusste ich, dass dies für das Projekt und das Thema sehr gut passt. Ich konnte auf einen sehr großen Erfahrungsschatz zurückgreifen, den Susanne hier eingebracht hat. Somit entstanden auch immer wieder neue Ideen.

Susanne: Zuallererst zuverlässig, vertrauensvoll, stützend, inspirierend. Corona allerdings kam zur Unzeit. Wie gerne hätte ich noch in der Arena gebangt und mitgefiebert. Das sollte nicht sein, schade. Was mich berührt hat: Während der Entstehung dieses Buches starben kurz nacheinander meine Eltern. Beide. Ich brauchte eine Pause, kam nicht voran, arbeitete viel langsamer als er, konnte seiner Taktung kaum folgen. Ohne das geringste Zögern ließ er mir die benötigte Zeit. „Familie geht immer vor", war die Botschaft. Das meinte er so. Auch wenn sich das Erscheinen des Buches dadurch verzögerte.

Wer war wofür zuständig?

Martin: Ehrlich gesagt habe ich ganz einfach angefangen mit dem Schreiben, ohne mir lang Gedanken zu machen. Dann stimmten wir uns ab, ich erstellte eine Gliederung. Nach dieser Vorbereitung hat eine sehr gute Aufteilung stattgefunden. Das Geschriebene wurde immer wieder per E-Mail hin- und hergeschickt, bis wir der Meinung waren, dass es sich gut liest und sich auch rund und stimmig anfühlt. Ich habe viel gelernt, was die Abläufe in dieser Branche angeht. Denn bis zum Schluss hielt ich die Fäden in der Hand, beriet mich mit dem Setzer, mit der Druckerei und der Vertriebsgesellschaft. Gefühlt habe ich das Buch vom ersten Atemzug bis zum Druck begleitet. Das war schon ein besonderes Erlebnis, die eigenen Gedanken Stück für Stück ein Buch werden zu sehen.

Susanne: Bei diesem Projekt, das uns beide rundum fordert, zumal wir beschlossen haben, auf Verlagsunterstützung zu verzichten, kann ich die Erfahrung aus rund 30 Jahren Lektorat, Programmplanung, Projektmanagement einbringen. Das macht mir große Freude.

Mich einzufühlen in die Situation und in die Ideen des Lesers, um bei Martin diese Informationen abzurufen und gleichzeitig ihm den Impuls zu geben, den Faden aufzugreifen, weitere Ideen zu generieren. Ein wahrhaftiges Ping-Pong-System. So wurde aus manchem Kapitel, das anfangs aus acht Seiten bestand, ein Kapitel mit 30 Seiten. Das Projekt wuchs und gedieh. Mir war bewusst, dass es eine Grenze gibt. Dort musste ich nicht weiterfragen. Martin wusste ganz genau, wie viel er preisgeben wollte. Für mein Empfinden war es viel. Ich staunte oft über seine Freimütigkeit, auch eigene Verhaltensweisen, die er rückblickend als nicht ganz stimmig erlebte, zu hinterfragen, um sich selbst zu verbessern.

Wer war außerdem beteiligt?

Martin: Unser Team bestand nicht nur aus Autor und Lektorin. Beteiligt war auch die Rottweiler **Agentur teufels**, die für das Buchcover verantwortlich zeichnet. Der optische Eindruck der Seiten wurde von **Manfred Friebe**, unserem Layouter und Setzer, mit leichter Hand, Kreativität und Geduld gestaltet. Ihm gelang der Spagat zwischen guter Lesbarkeit und frischer Anmutung. Was wäre unser Team ohne die Adleraugen von **Annette Schwarz**, unserer Korrektorin, die rasch, präzise und genau auch die letzten Tippfehler aus dem Text gefischt hat. Den allerletzten hat sie wohlweislich darin belassen, denn der wird gebraucht. Damit der böse Geist, so lautet eine alte Sage, ein Tor hat, um aus dem Werk zu entweichen. **Peter Hohl**, von der Druckerei Hohl in Balgheim, hat mich durch gute Beratung und das hochwertige Druckergebnis überzeugt. Die Vertriebsgesellschaft **Nova MD** rundet das Team schließlich ab.

Wer war noch mit von der Partie? Fotografen natürlich, die ihre Bilder zur Verfügung gestellt haben. Probeleser, die wertvolle Rückmeldungen gaben. Und all die ungenannten Menschen, die das Netz einer Community woben, ohne die Projekte nicht möglich sind. Ihnen allen sei gedankt.

Was möchtest du dem Leser noch mit auf den Weg geben?

Martin: Wenn Sie das Buch bis hierhin gelesen haben, freue ich mich darüber. Ich hoffe, ich konnte Ihnen aus den Erkenntnissen meiner sportlichen Karriere und meines bisherigen Lebens etwas mitgeben. Sehen Sie sich als Teilnehmer des Projektes, denn Sie lesen nun dieses Buch. Als Teilnehmer kann man sich einen Teil davon nehmen, den man für sich als wichtig erachtet. Dies macht es so wertvoll, ein Teilnehmer zu sein. Wo auch immer. Sollten Sie nichts für sich nutzen können, ist es dennoch wertvoll, das zu bemerken. Sie haben Ihre Zeit dafür verwendet und sich diese auch für sich genommen. Das finde ich positiv, denn sich Zeit für etwas zu nehmen, kommt heute oft zu kurz.

Vom Glück, ein Buch entstehen zu sehen

„Mein Name ist Martin Strobel … und ich habe Sie über den Verband freier Lektorinnen und Lektoren gefunden." Mit diesen Worten begann eine E-Mail, die am 2. April 2019 in meinem Posteingang eintraf.

Ich wusste, wer Martin Strobel ist. Ich staunte, dass er sich an mich wandte. Und seine Anfrage, ob ich mich für sein Projekt interessiere, konnte ich freien Herzens mit Ja beantworten.

Ab diesem Zeitpunkt startete eine wundersame Geschichte. Wir erkannten rasch das Fundament gemeinsamer Werte, auf dem wir eine Zusammenarbeit aufbauten, die Schranken von Lebensalter, Erfahrungshintergrund, Mann, Frau spielerisch überwand. Mehr noch: sich nutzbar machte.

Wer hat hier wen gecoacht, könnte man fragen. Denn beide haben wir über Monate hinweg die Freude erlebt, jeder auf seine Art Wissen und Erfahrung in dieses Buchprojekt einzubringen.

An wen sich das Buch wenden sollte, war rasch umrissen. Den Entwurf des Inhalts bereitete Martin im Handumdrehen vor. Die ersten Seiten hatte er bereits verfasst. Was ich nach seiner Eingangsmail schon ahnte, bestätigte sich prompt: Dieses Gegenüber wollte schreiben – und konnte schreiben. Er benötigte kein Ghostwriting; er selbst war der beste Autor. Deutlich war auch: Es ist ein Mensch, der keine Seiten mit Worten füllen möchte, sondern der sich kurz fasst, weil er genau weiß, wovon er spricht.

Eine Biografie in epischer Länge? Keinesfalls. Sich im Persönlichen ausbreiten und das Ziel aus den Augen verlieren? Niemals. Das würde nicht zu ihm passen. Wer soll das denn lesen wollen, meine ich ihn fragen zu hören.

Viel näher lag es ihm, den Beispielcharakter seiner Erfahrungen herauszuarbeiten, um daran die Botschaft zu zeigen: Leistung führt zu Mut. Mut führt zu Leistung. Gemeinsam erreichst du mehr als allein. Also lerne das Schwerste: dich im vollen Selbstvertrauen zurückzunehmen und dich dem Team zur Verfügung zu stellen. Je stärker dein Team, desto mehr kann es erreichen. Also fördere die anderen wie dich selbst. Punkt.

Er schreibt nicht zum Selbstzweck, sondern für den Leser. Als wolle er sagen: Schau genau hin. Ich erzähle dir eine Geschichte, meine Geschichte. Wenn du magst, nimm die Impulse, die jetzt gerade, in diesem Moment in dein Leben passen. Sie passen nicht? Geh weiter. Vielleicht kommst du irgendwann, später einmal, darauf zurück. Tust du es, ist es schön. Tust du es nicht, ist es nicht schlimm.

Was mich besonders beeindruckt hat? Das Geschriebene und die Person im Einklang zu erleben. Deutlich und glaubhaft das authentische Sein zu erfahren. Da ist kein schöner Schein, da ist ein Mensch mit ausgeprägter intuitiv-emotionaler Intelligenz. Eine Person, die klug, ruhig und durchdacht reagiert, andererseits jedoch innehält, still wird und bekundet, sie höre auf ihr Gefühl. Oft erwähnt Martin, sein Gefühl sage ihm …, sein Gefühl habe ihn nicht getrogen etc. Oft gibt er an, auf seinen Körper zu hören. Das verweist auf die Ganzheit. Im Schutz eines sicheren Elternhauses aufgewachsen, hat er sich inzwischen seine eigene Familiensituation geschaffen, die ihn in Momenten des Umbruchs trägt. Ob er sich der Ressourcen bewusst ist, die er daraus schöpft? Er ahnt sie wohl. Denn er weiß, dass er etwas zu geben hat. Aus der Verbindung mit der inneren Kraft und aus den Erfahrungen einer unvergleichlichen Karriere mit Höhen und Tiefen, die ihn gelehrt haben, still zu werden angesichts der Summe der Möglichkeiten. Das ist das Wissen, das er nun in sein Coaching einbringen wird.

Susanne Schimmer (www.manuskriptwerkstatt.de)